新版
テーブルナプキンの折り方

130種

新版刊行にあたって

　本書は、レストランのサービス担当者をはじめ、飲食のプロに向けた実用書です。
この本が広くこの業界に受け入れられ、美しく折り上げたテーブルナプキンで食卓を飾るスタイルが定着したことを、とても嬉しく思っています。
　かつてテーブルナプキンは白一色で、衣服を汚さないためのものでした。今はさまざまな色や模様があり、店舗の華やいだ雰囲気づくりに欠かせない必需品となりました。そのテーブルナプキンを立体的に折り上げることで、より一層、お客さまにおもてなしの心を伝えることができるでしょう。
　御祝の席には、鶴亀、扇（末広）、お正月には門松、バレンタインデーにはハート、ひな祭りや節句にはおびな、めびな、着物、かぶと、さらに夏にはヨットというように、行事や季節を取り入れた演出で、大切なお客さまをお迎えしてください。
　読者の皆さまのお店で、テーブルナプキンの華が咲くことを楽しみに、そしてそれぞれのお店の繁栄を心より願っております。

2010年2月
永井文人

目次

まえがき　3
折り方の記号と名称　8

◇バラ折り
バラ　10
ナースキャップ　11
大バラ　12
スイレン　13
野バラ　14
バラのかぶと　15
バラのつぼみ　16

◇王冠折り
王冠／高僧　17
二重王冠　18
通心王冠　20

◇たけのこ折り
たけのこ　21
寿桃　22
新竹　23
伝心竹　24
司教冠　25
バニークラブ　26

◇ピラミッド折り
ピラミッド　28
日時計　29
ピラミッドの日没　30
巣　31
デルタ　32
小ニンジン　33
キャンプのテント　34
めびな　35
おびな　36

◇波折り
波　37
二枚波折り　38
三枚波折り　39
四枚波折り　40
カード立て　41

◇のし折り
のしA　42
のしB　43
シェフの顔　44
バンドA　45
バンドB　46

シルバーホルダーA　47
シルバーホルダーB　48
シルバーホルダーC　49
シルバーホルダーD　50

◇アコーディオン折り
お結び　51
大扇　52
二枚扇　53
鳳尾扇　54
夫婦扇　55
扇貝　56
三枚扇　57
舞扇末広　58
三角末広　59
スター末広　60
法王冠　61
貴婦人　62
コメット　63
ラブノット／ラブノットフレア　64
小三日月　65
エスカルゴ　66
リス　67
着物　68

◇船折り
軽船　69
帆船　70
ゆりかご　71
一帆順風／カトレア　72
鶏冠　74
シンデレラの靴　76
平和の使者　78

◇巻き折り
Vサイン　80
棒　81
如意　82
ろうそくの灯　83
門松　84
クロワッサン　85
キジ　86
白鳥　87

◇鶴折り
折鶴　88
花中花　90
翔鶴　92
のし鶴　94

舞鶴　96
安らぐ鶴　97
長首鶴　98
文人のペン　99

◇亀折り
寿亀　100
萬年亀　102
鳳尾亀　104
スッポン　106

◇かぶと折り
かぶと　108
長かぶと　109
鯛　110
金亀　112

◇ヨット折り
ヨット　114
ピーターパンの帽子　115

◇タワー折り
タワー　116
ブーツ　117

◇山折り
ペンタ　118
幼竹　119
美峰　120

◇その他
まながつお　121
伊勢海老／夫婦鳥　122
真鯛　124
イカのひれ　125
ウサギA　126
ウサギB　128
カエル　129
牛の顔　130
蝶々　131
鳩　132
ツバメ　133
キツツキ　134
ムーミン　135
蝶ネクタイ　136
征服者の帽子　137
ボーイスカウトの帽子　138
山小屋　139
小さい山　140

竹　141
スイセン　142
大地　143
スペースシャトル　144
ダブルスクエア　145
ツーポイントフォールド　146
ランチョンフォールド　147
8分折り　148
16分折り　149
3×4折り　150
ニンジン　151
ハート　152
小さいヨット　153
フェイス　154
鳳凰メス　155
鳳凰オス　156
金魚　158

協力　摩天楼中国大飯店（大阪）
　　　テイセンクロス株式会社

デザイン　田島浩行
イラストレーション　山川直人
撮影　高島不二男
カバー撮影　海老原俊之
編集　池本恵子

本書は1988年初版発行の『図解 テーブルナプキンの折り方130種 基本と応用』の新装版です。収録点数、内容は前書と同じです。

折り方の記号と名称

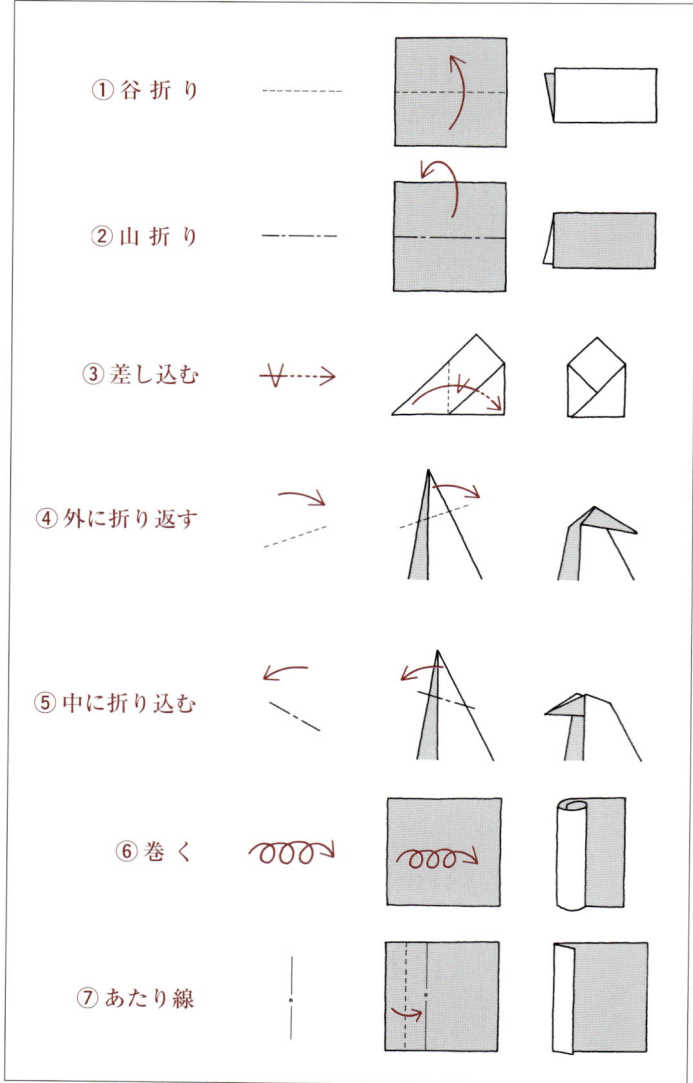

テーブルナプキンの折り方 1

バラ折り　10
王冠折り　17
たけのこ折り　21
ピラミッド折り　28
波折り　37
のし折り　42
アコーディオン折り　51
船折り　69

バラ

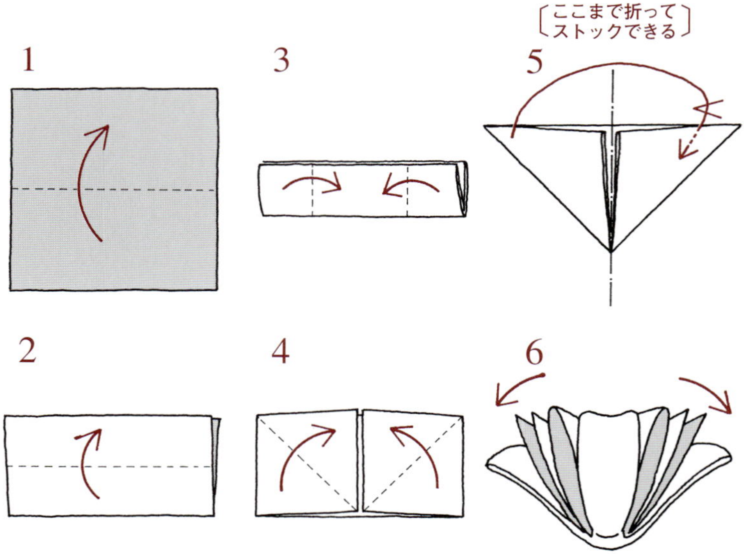

バラ折り　バラ

1

2

3

4

5
〔ここまで折って〕
〔ストックできる〕

6

10

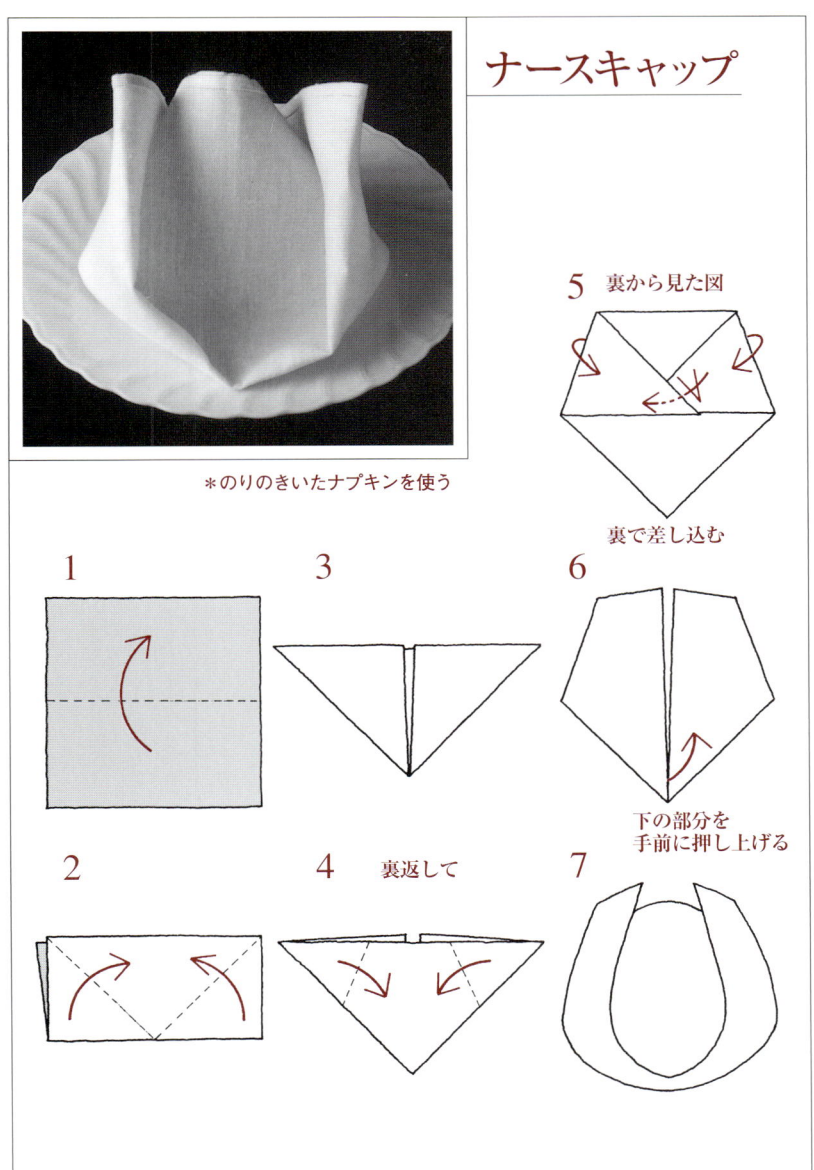

大バラ

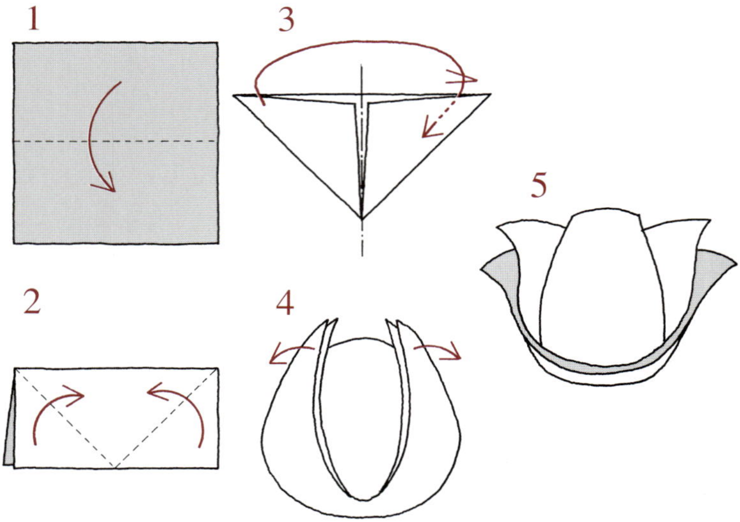

バラ折り　大バラ

1

2

3

4

5

スイレン

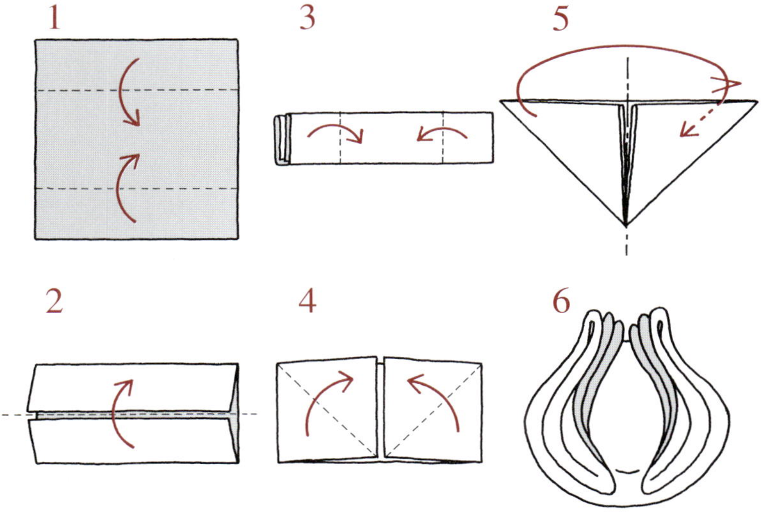

1

2

3

4

5

6

バラ折り　スイレン

野バラ

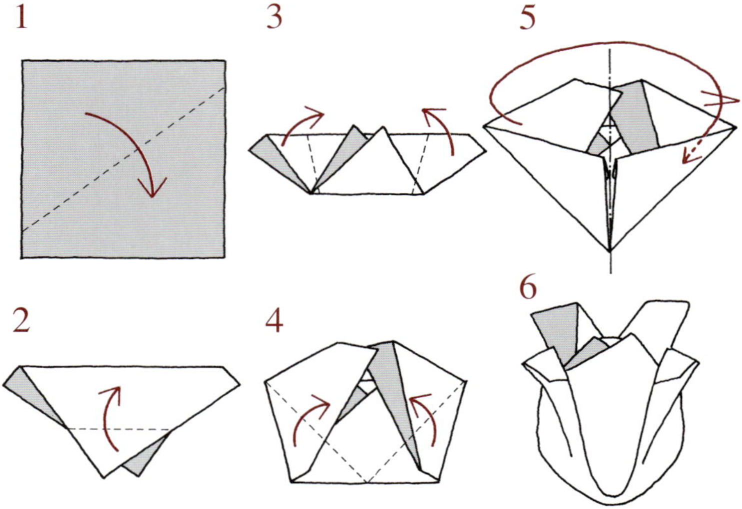

バラ折り　野バラ

1

2

3

4

5

6

バラのかぶと

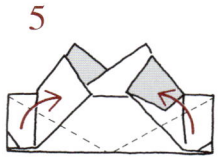

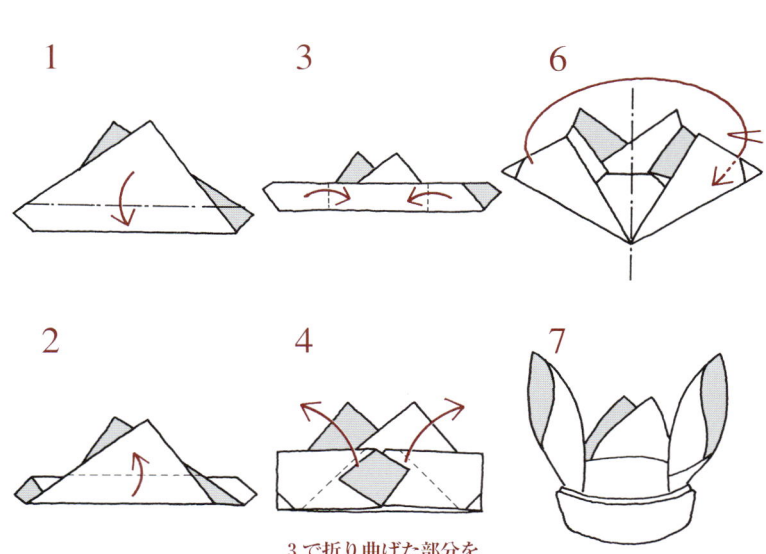

3で折り曲げた部分を
矢印方向に折る

バラ折り　バラのかぶと

バラのつぼみ

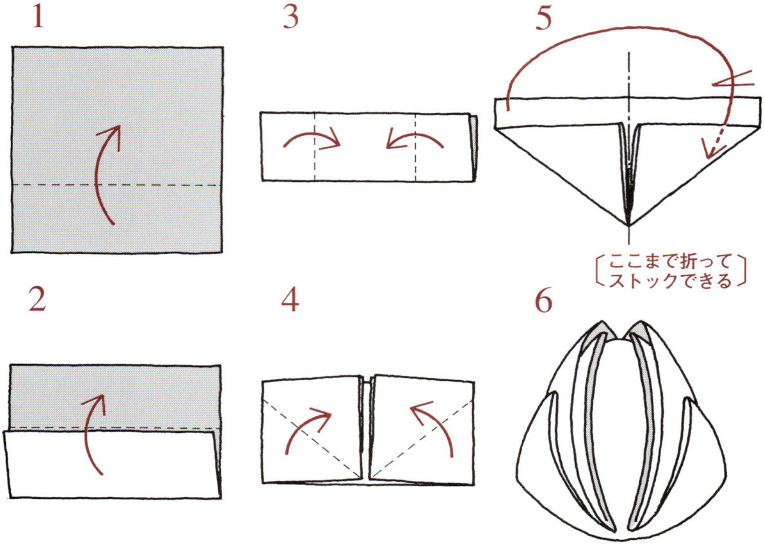

バラ折り　バラのつぼみ

1

2

3

4

5

〔ここまで折って
ストックできる〕

6

王冠／高僧

王冠

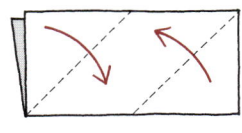
1

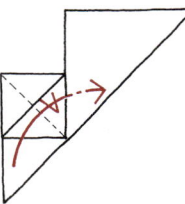
3

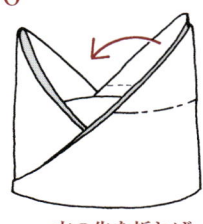
6
一方の先を折れば

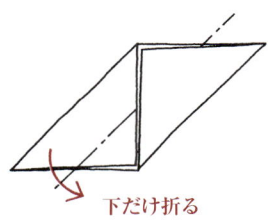
2
下だけ折る

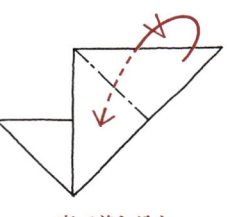
4
裏で差し込む

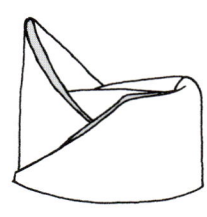
7
高僧となる

王冠折り　王冠／高僧

二重王冠

王冠折り　二重王冠

1

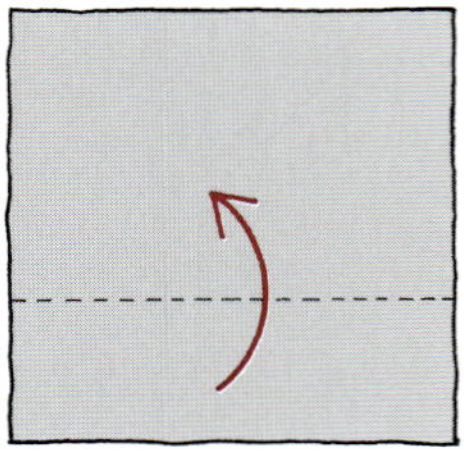

2

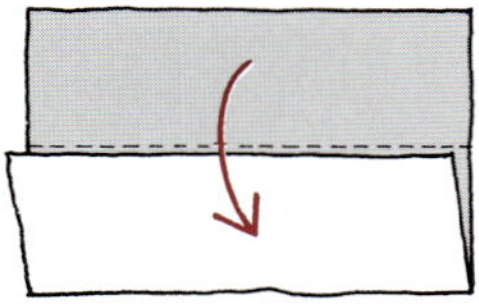

3

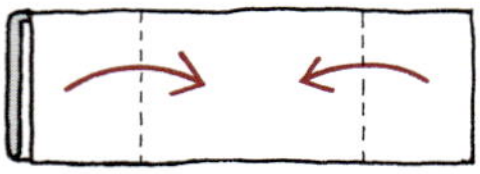

4

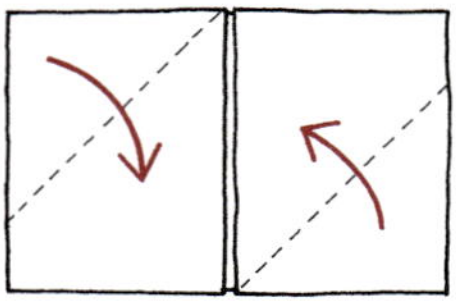

5

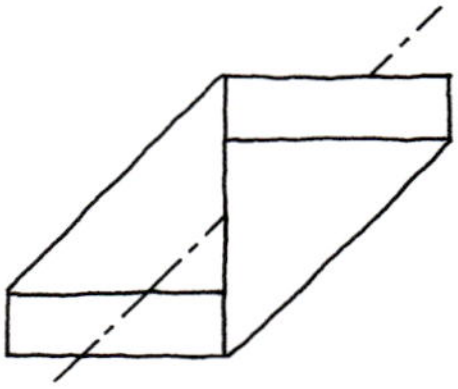

6

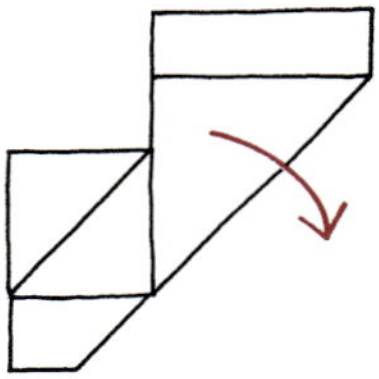

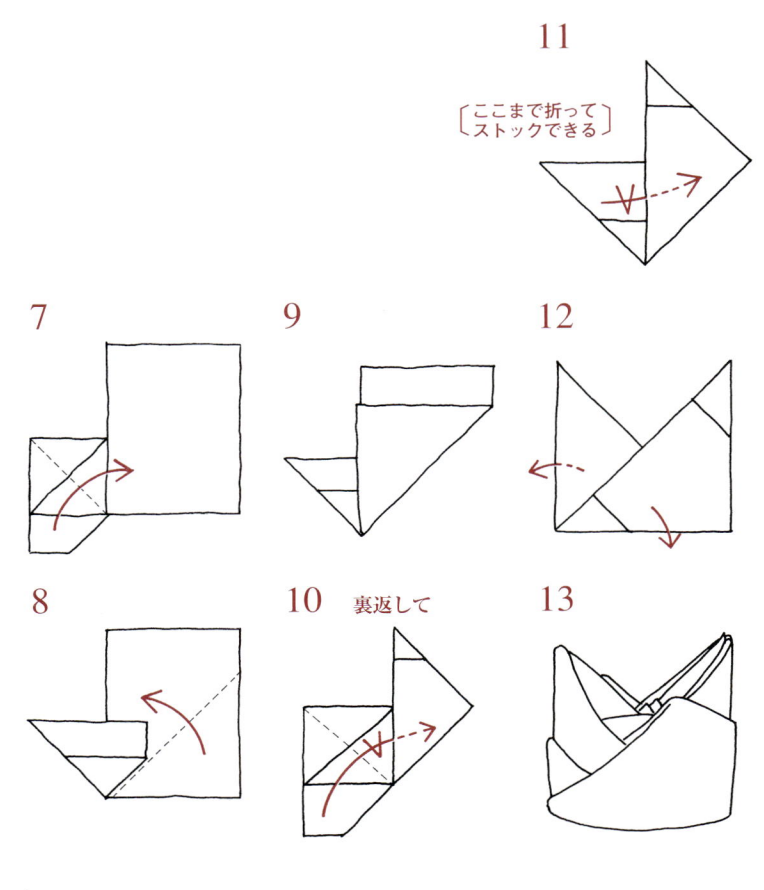

通心王冠

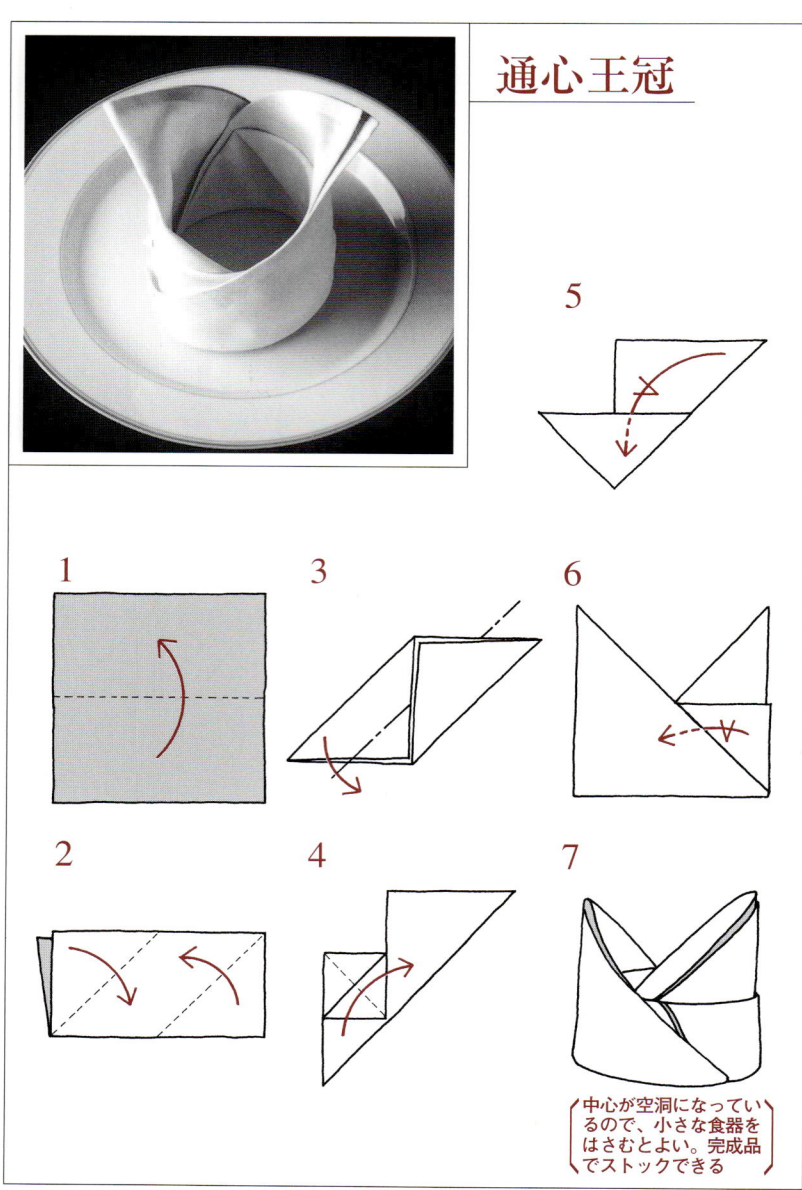

王冠折り　通心王冠

中心が空洞になっているので、小さな食器をはさむとよい。完成品でストックできる

20

たけのこ

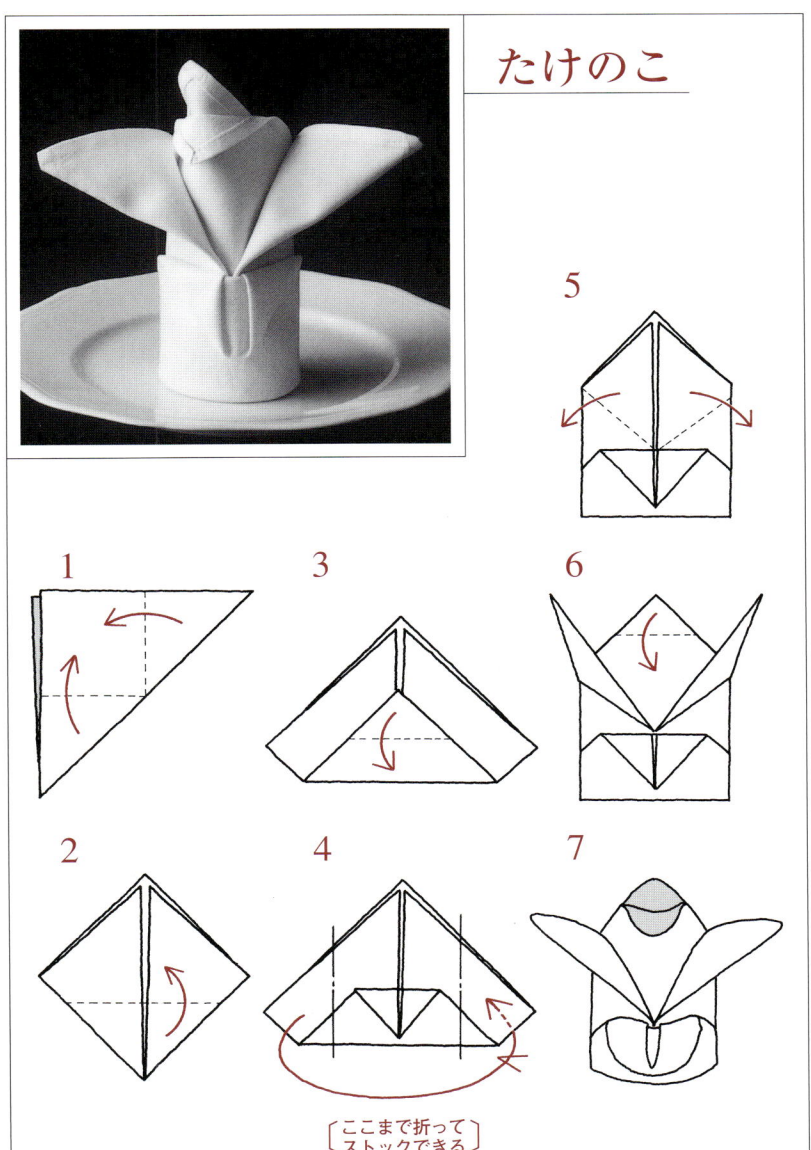

〔ここまで折って
ストックできる〕

たけのこ折り　たけのこ

寿桃

たけのこ折り　寿桃

〔ここまで折ってストックできる〕

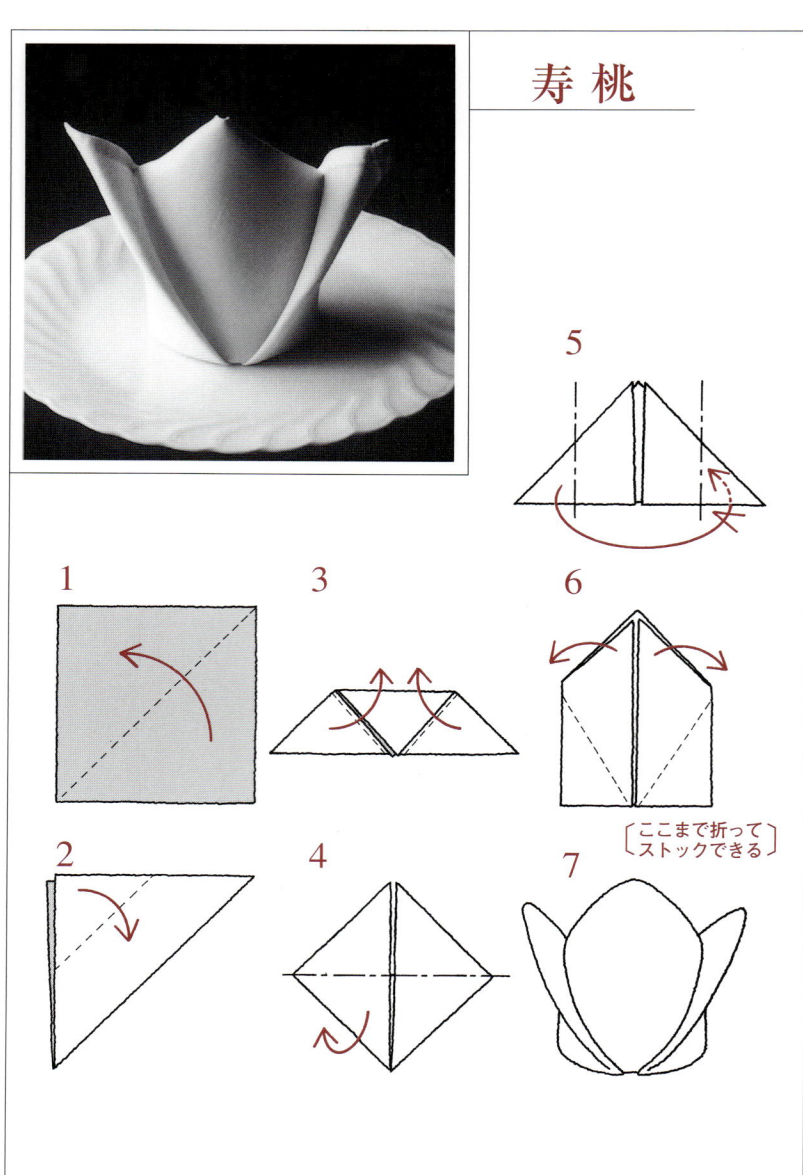

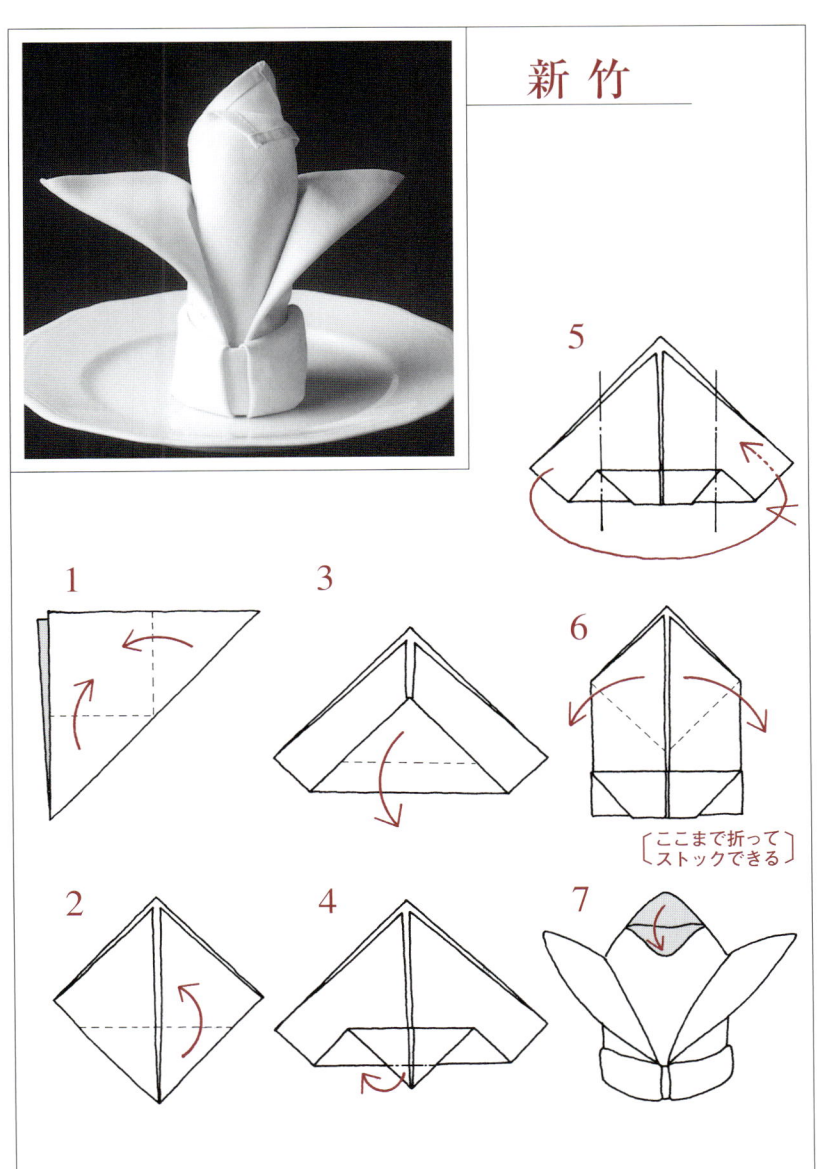

伝心竹

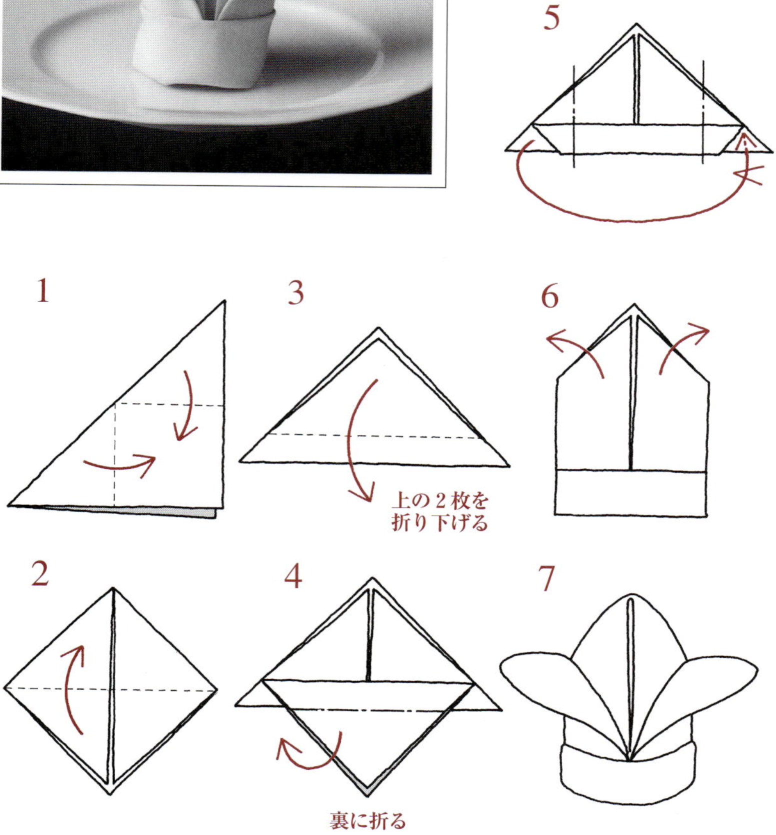

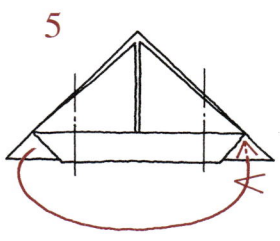

たけのこ折り　伝心竹

1

3
上の2枚を
折り下げる

6

2

4
裏に折る

7

司教冠

＊のりのあまりきいていないナプキンを使用

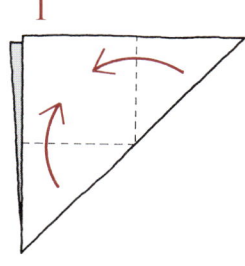
1

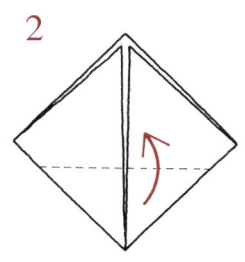
2

3
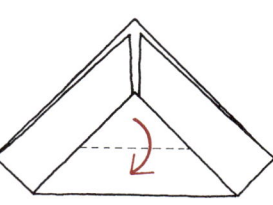

4
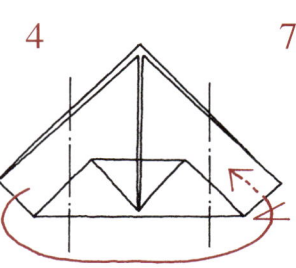

5
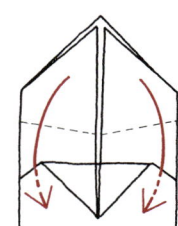

手前に差し込む

6
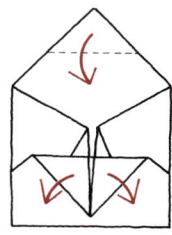

7
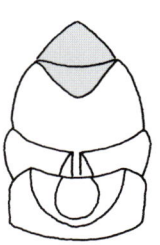

たけのこ折り　司教冠

バニークラブ

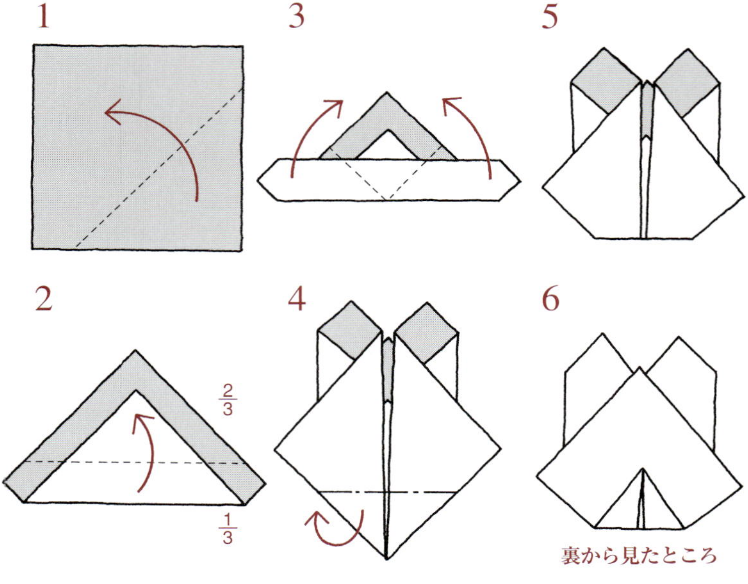

たけのこ折り　バニークラブ

1

2

3

4

5

6

2/3

1/3

裏から見たところ

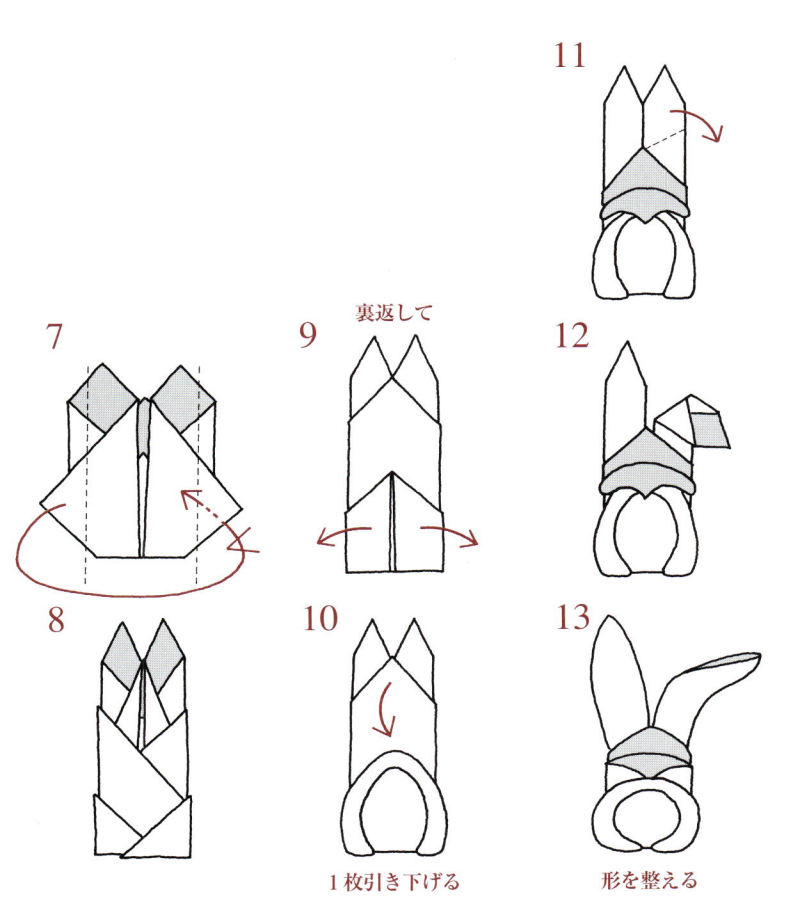

ピラミッド

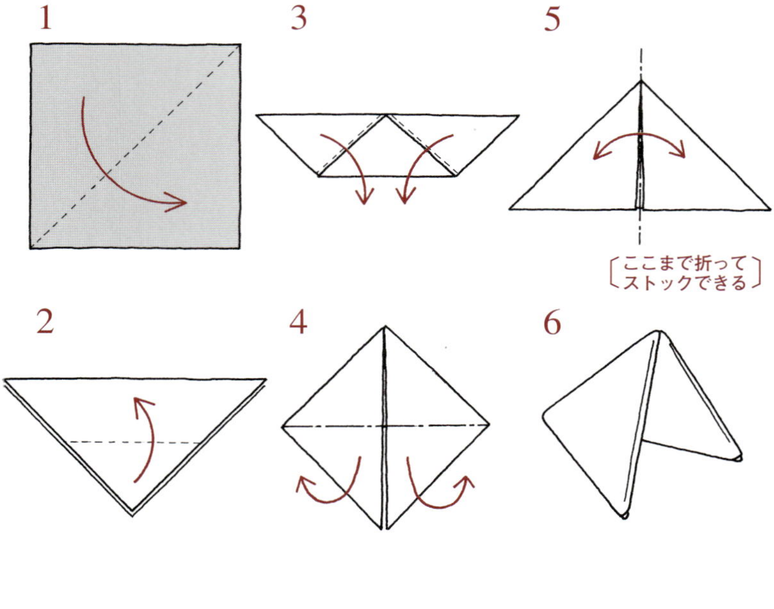

ピラミッド折り　ピラミッド

1

2

3

4

5

〔ここまで折って
ストックできる〕

6

日時計

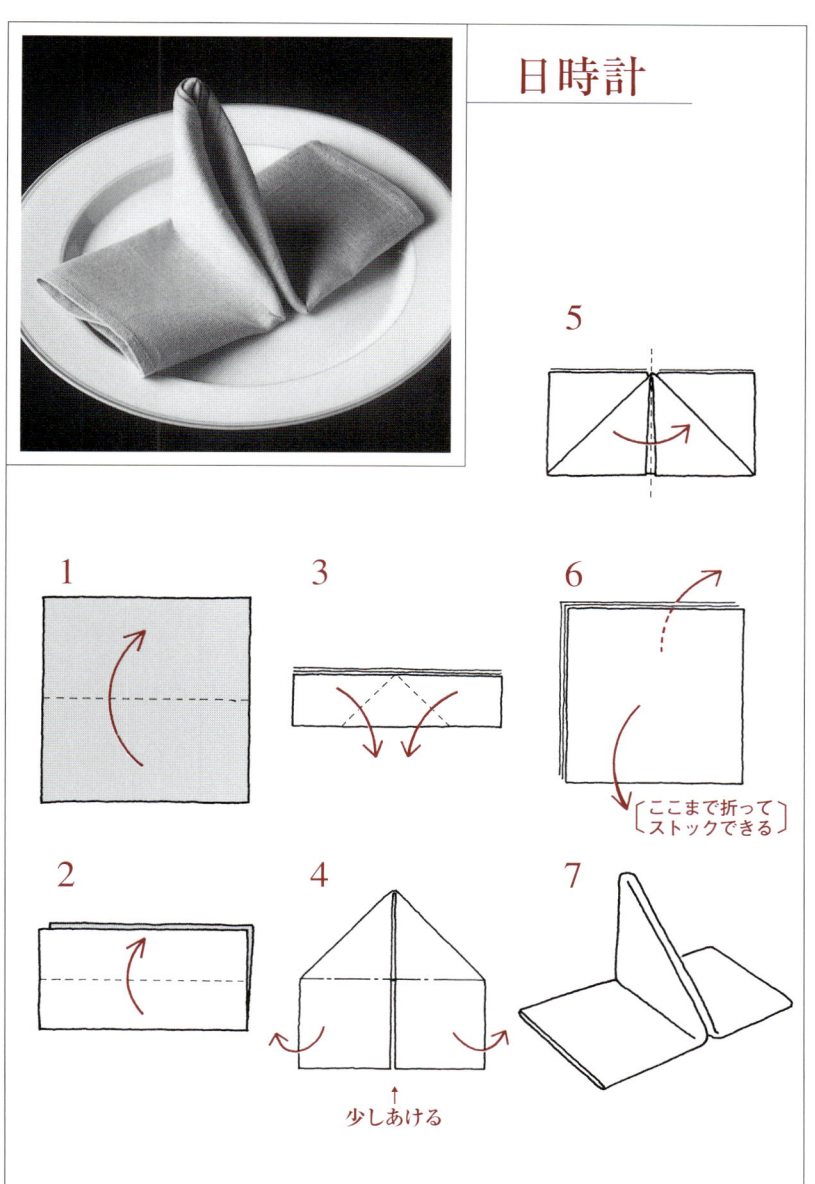

ここまで折ってストックできる

少しあける

ピラミッド折り　日時計

ピラミッドの日没

ピラミッド折り　ピラミッドの日没

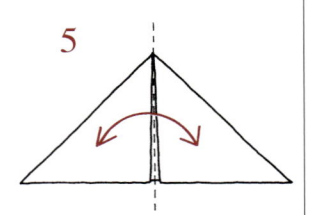

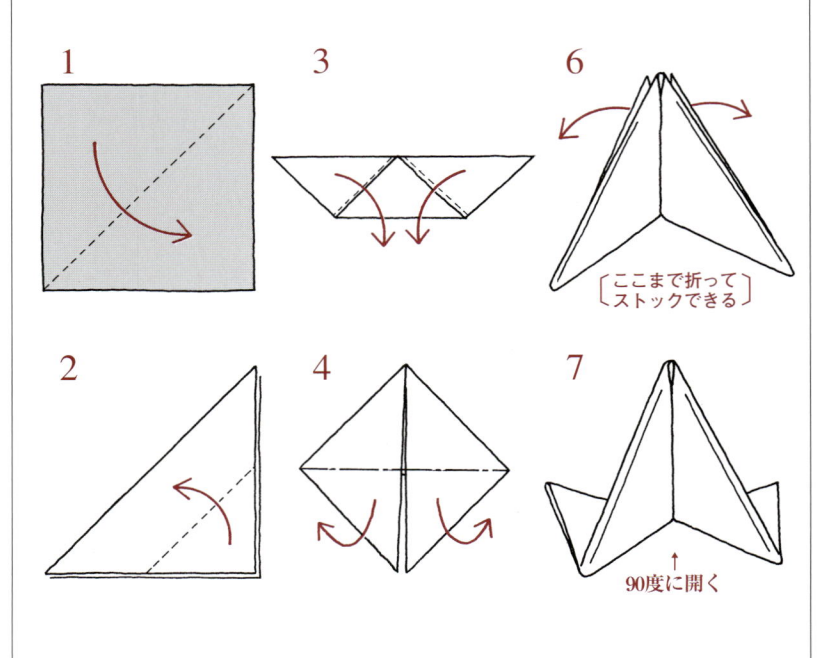

5

1

2

3

4

6
[ここまで折って
ストックできる]

7
90度に開く

巣

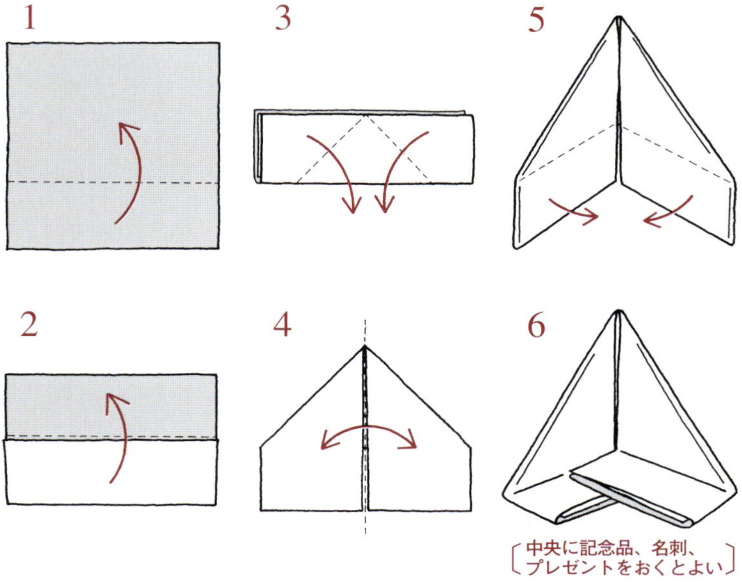

1
2
3
4
5
6

[中央に記念品、名刺、プレゼントをおくとよい]

ピラミッド折り　巣

デルタ

ピラミッド折り　デルタ

1

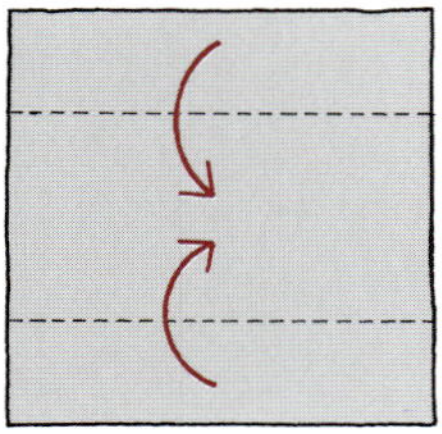

2

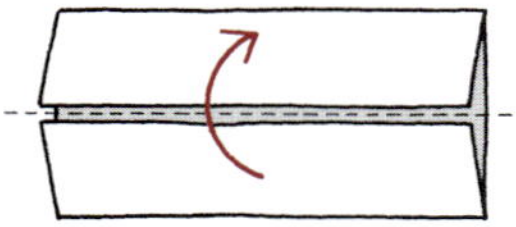

3

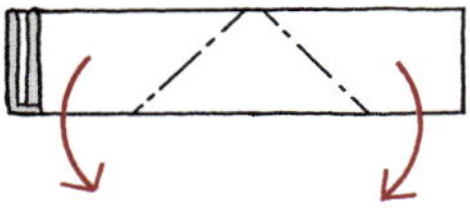

4

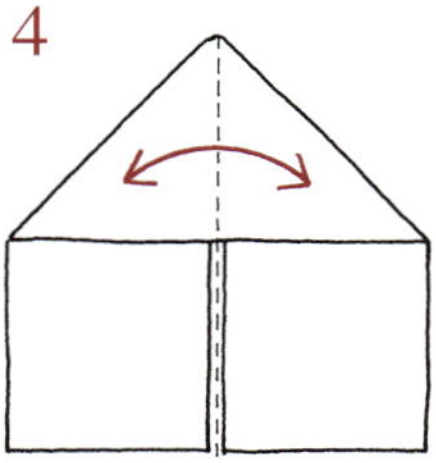

5

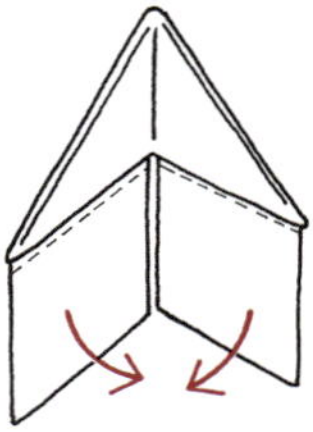

6

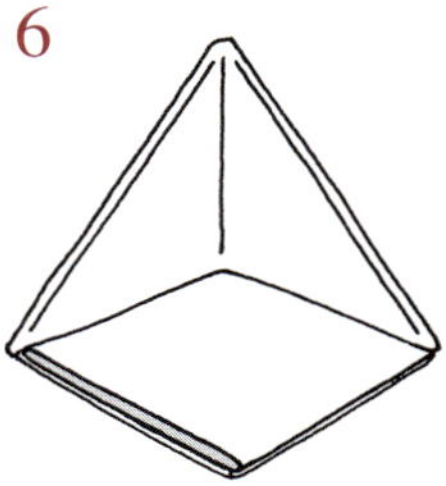

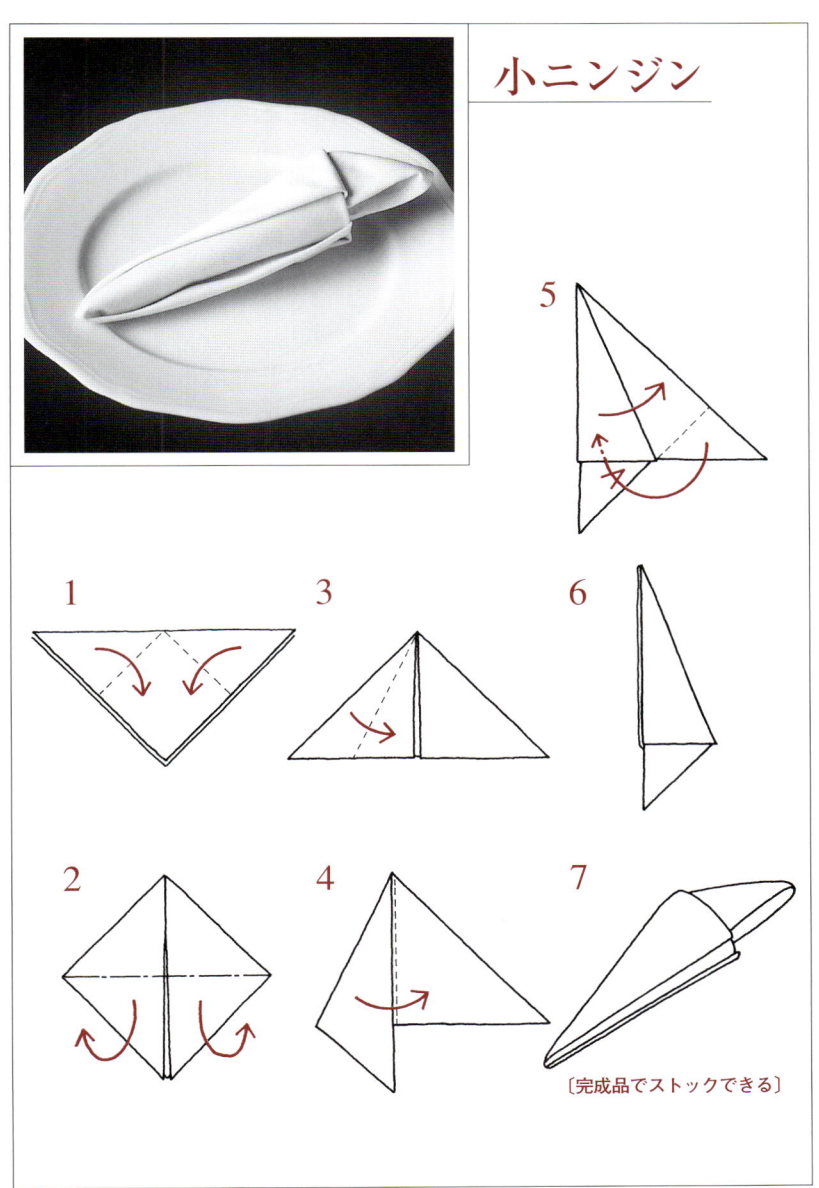

キャンプのテント

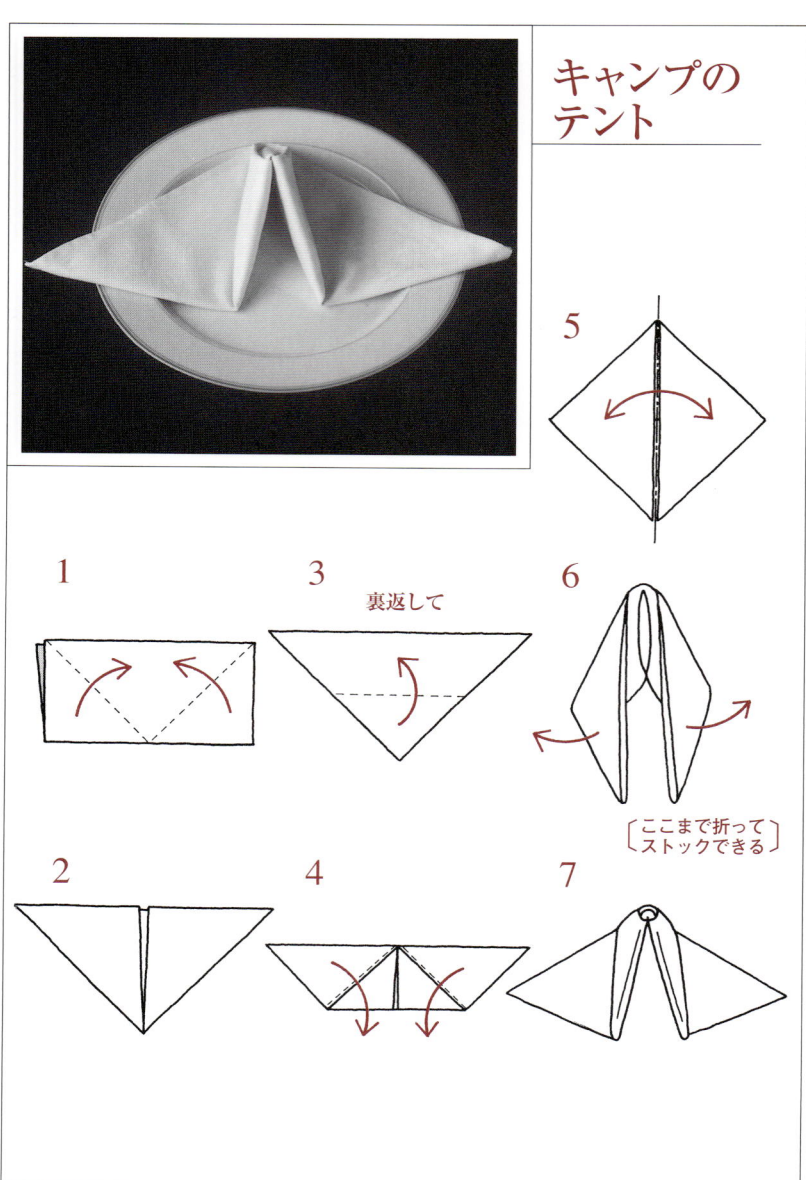

ピラミッド折り　キャンプのテント

1

2

3 裏返して

4

5

6 〔ここまで折って ストックできる〕

7

めびな

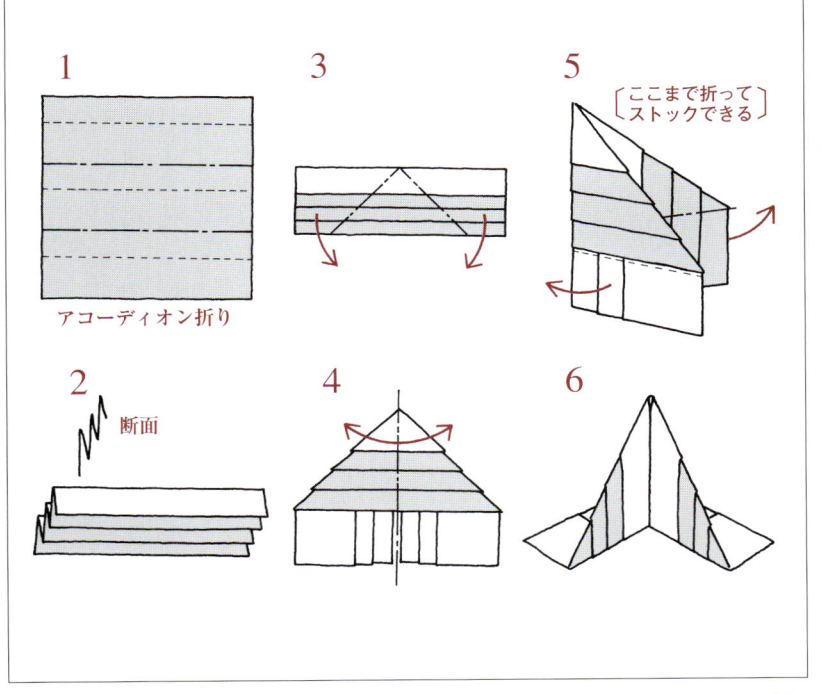

1
アコーディオン折り

2
断面

3

4

5
〔ここまで折って〕
〔ストックできる〕

6

ピラミッド折り　めびな

35

おびな

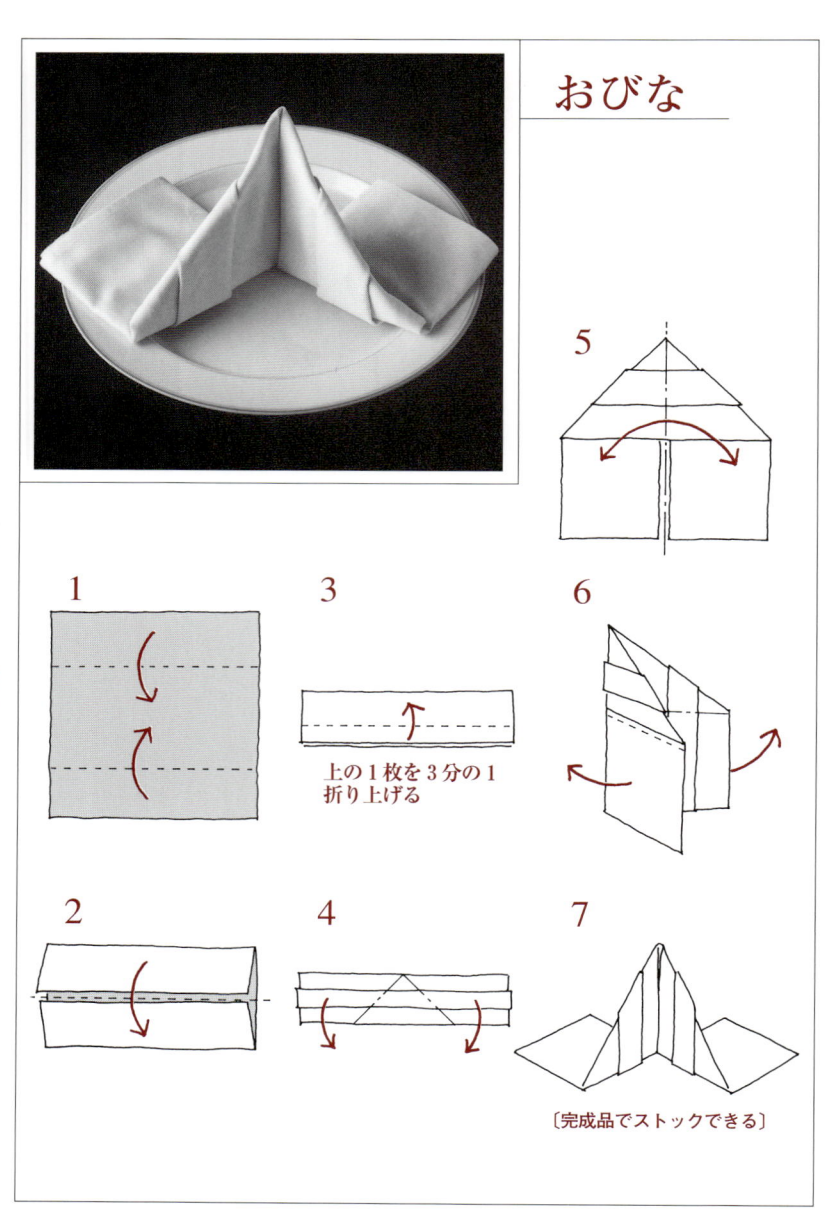

ピラミッド折り　おびな

1

2

3

上の1枚を3分の1折り上げる

4

5

6

7

〔完成品でストックできる〕

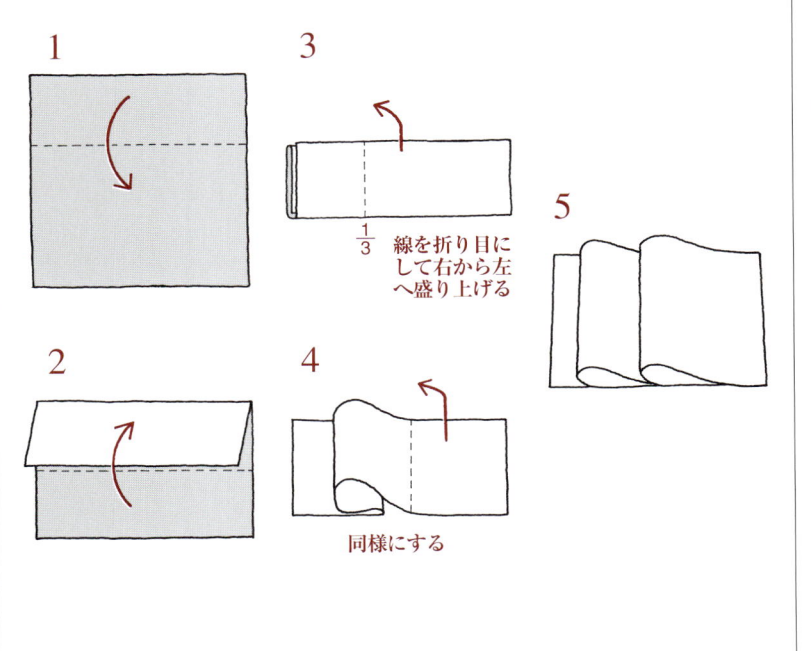

波

1

2

3

$\frac{1}{3}$

線を折り目にして右から左へ盛り上げる

4

同様にする

5

波折り　波

二枚波折り

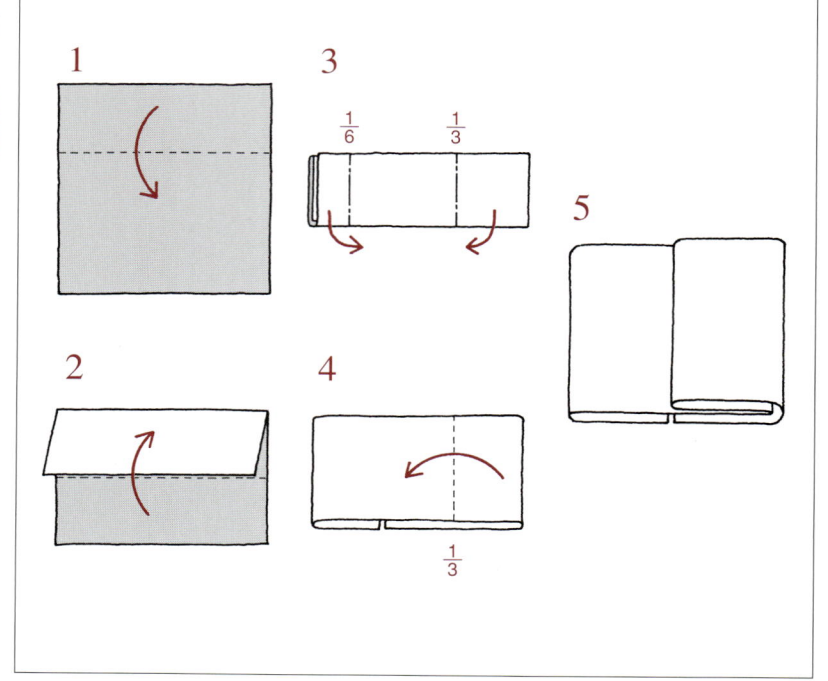

波折り 二枚波折り

1

2

3

$\frac{1}{6}$ $\frac{1}{3}$

4

$\frac{1}{3}$

5

38

三枚波折り

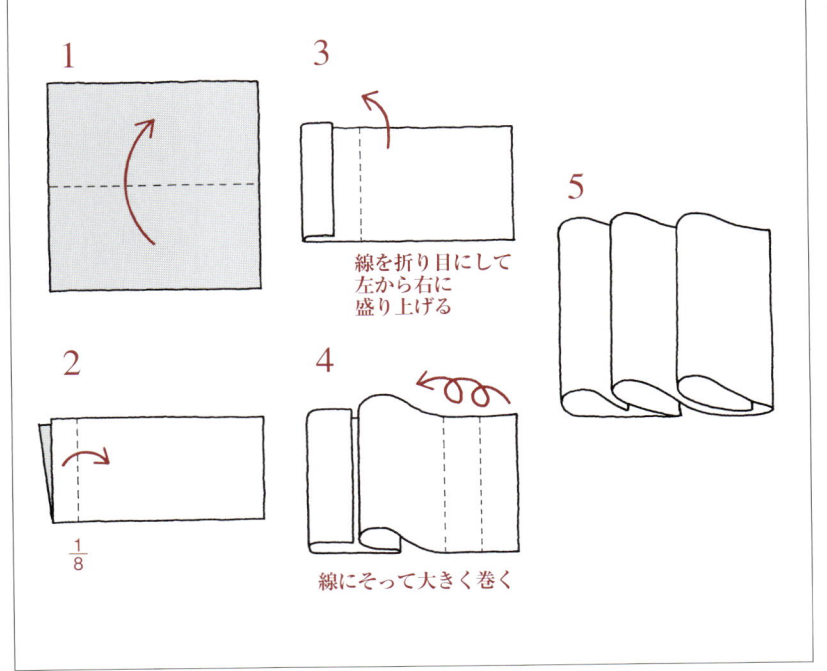

1

2

$\frac{1}{8}$

3

線を折り目にして
左から右に
盛り上げる

4

線にそって大きく巻く

5

波折り 三枚波折り

四枚波折り

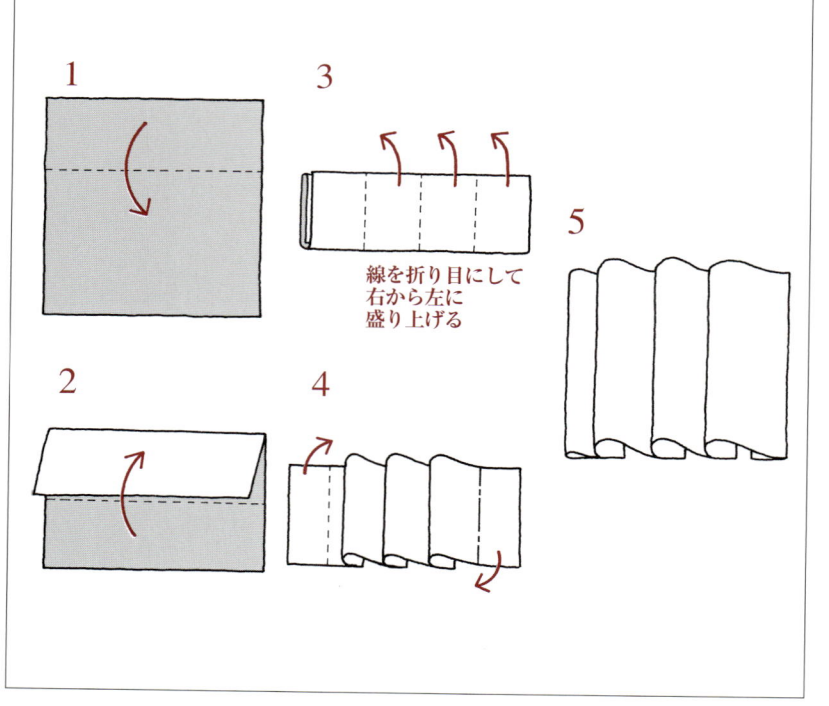

波折り　四枚波折り

1

2

3

線を折り目にして
右から左に
盛り上げる

4

5

カード立て

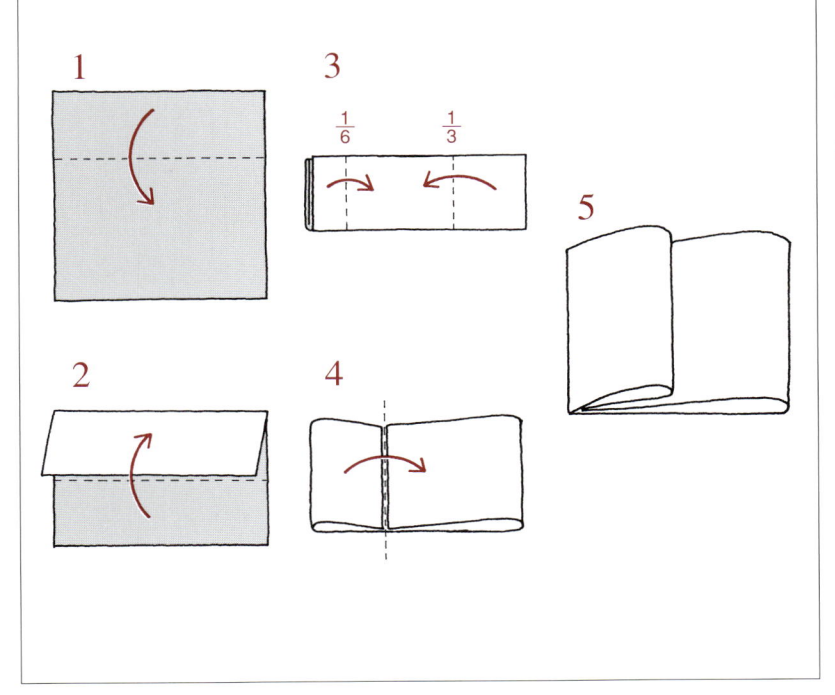

1

2

3

$\frac{1}{6}$　$\frac{1}{3}$

4

5

波折り　カード立て

のしA

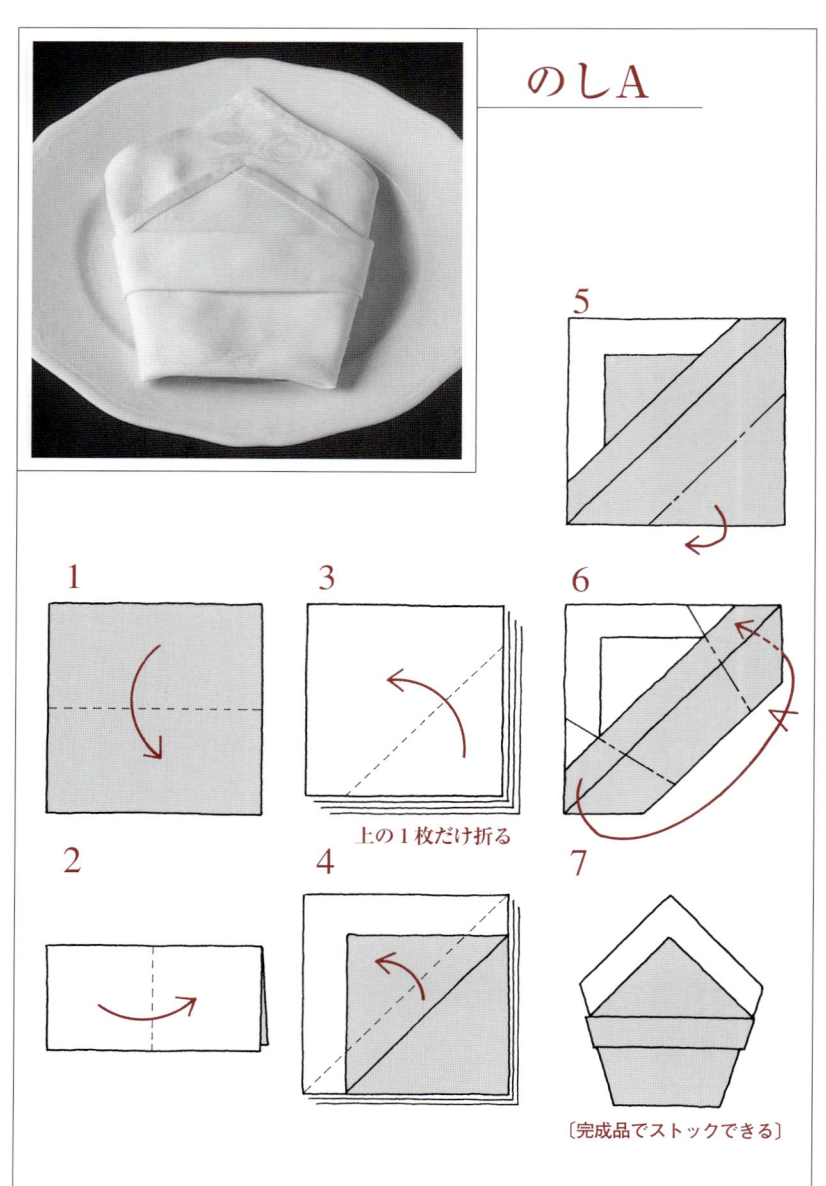

のし折り のしA

1

2

3
上の1枚だけ折る

4

5

6

7

〔完成品でストックできる〕

のしB

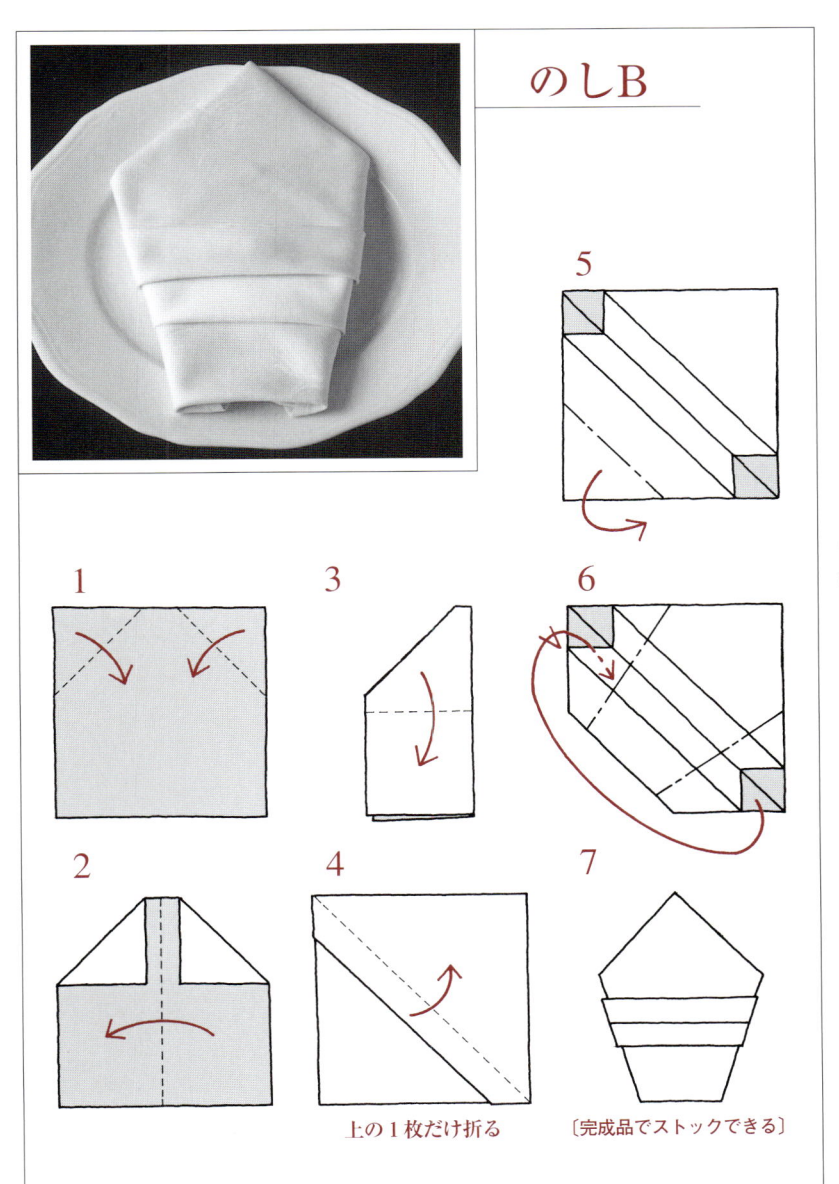

5

3

1

6

2

4

7

上の1枚だけ折る

〔完成品でストックできる〕

のし折り のしB

シェフの顔

5 それを線にそって折り返し、袋の中に入れる

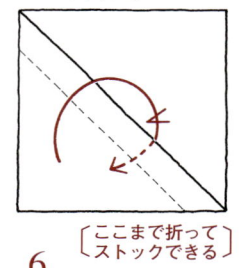

6 〔ここまで折ってストックできる〕

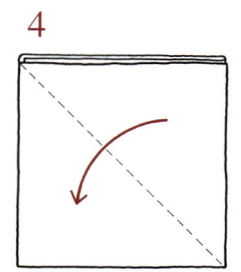

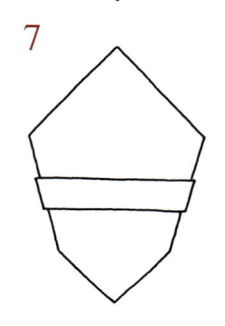

4 袋になった上の1枚を折る

のし折り　シェフの顔

44

バンドA

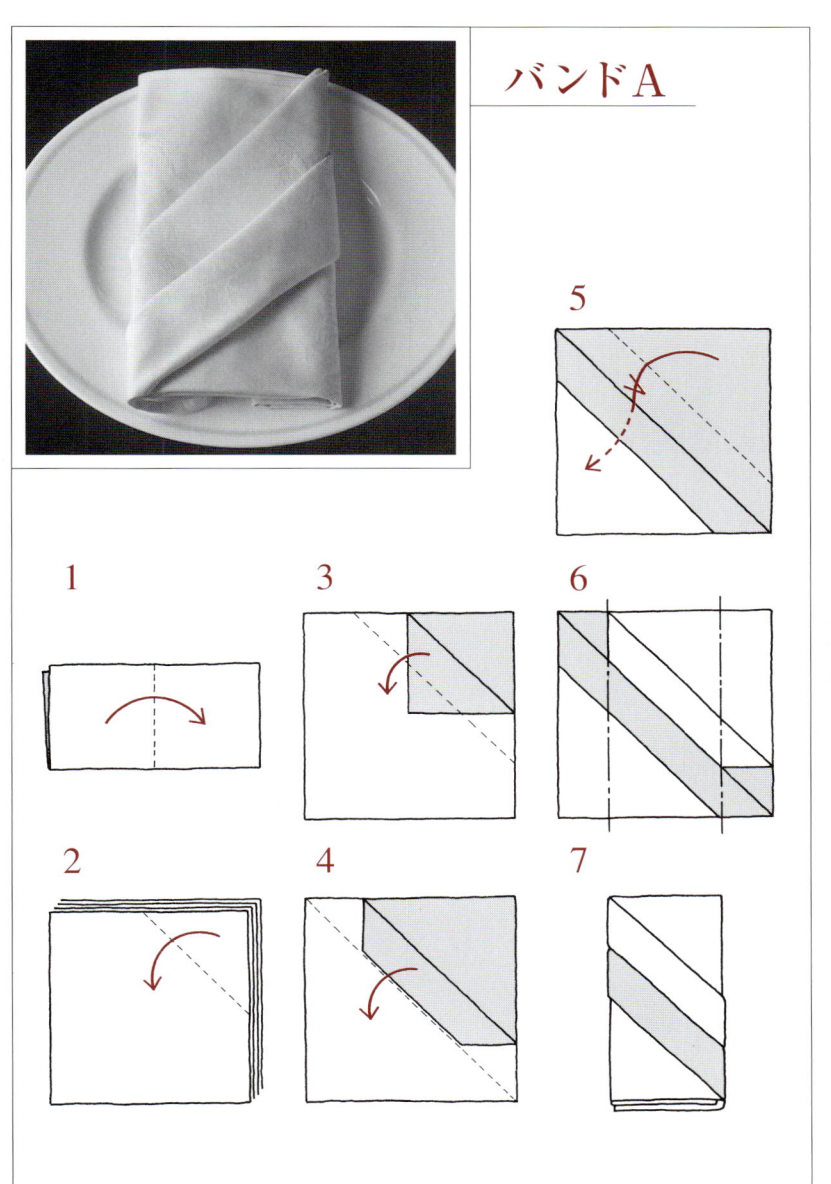

5

1

3

6

2

4

7

のし折り　バンドA

バンドB

のし折り　バンドB

5　次の1枚を折り込む

1

2　一番上の1枚を折る

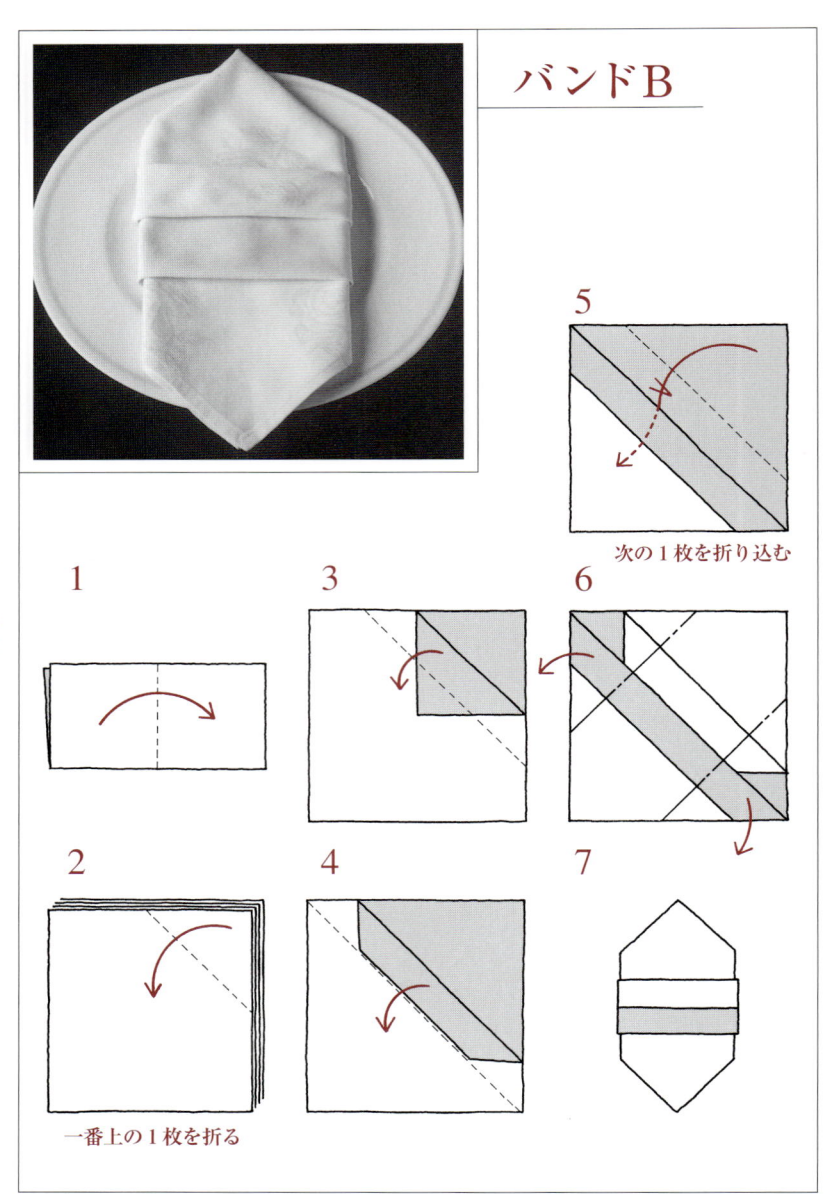

3

4

6

7

46

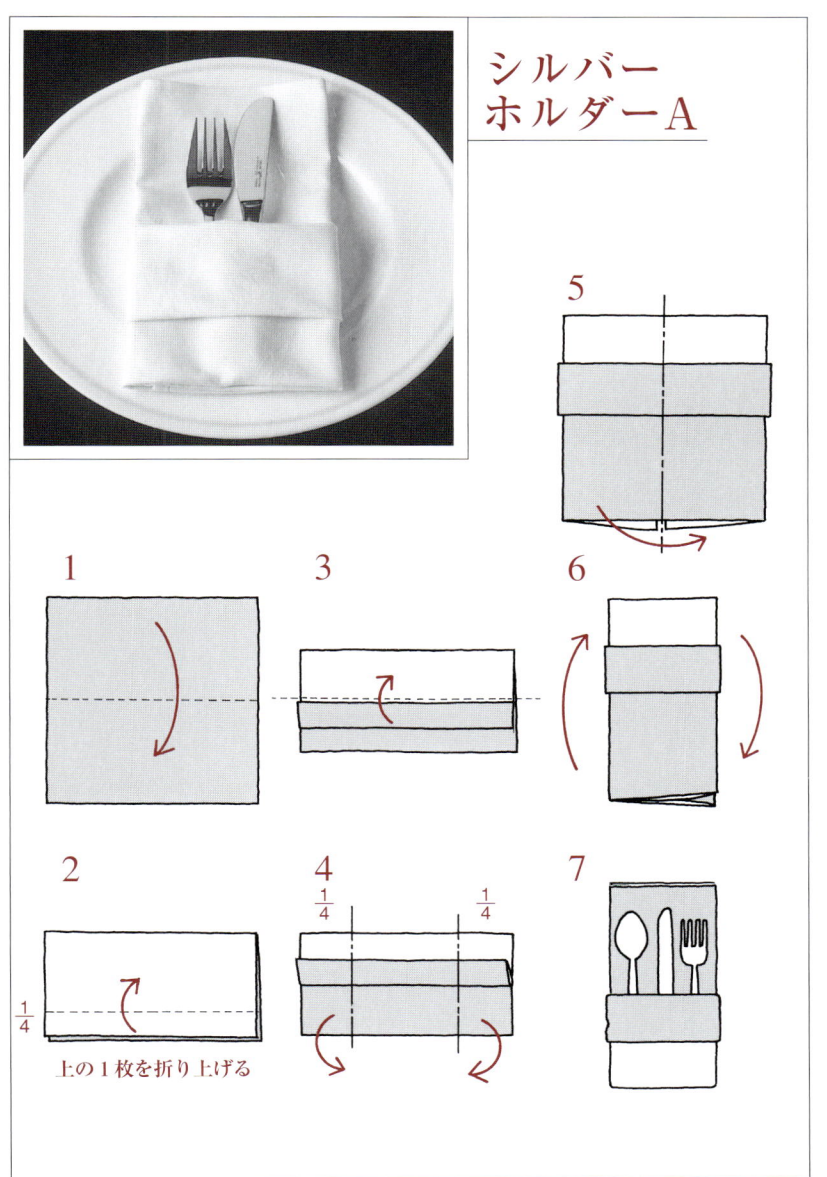

シルバーホルダーA

5

6

1

3

2

$\frac{1}{4}$

上の1枚を折り上げる

4

$\frac{1}{4}$　$\frac{1}{4}$

7

のし折り　シルバーホルダーA

シルバーホルダーB

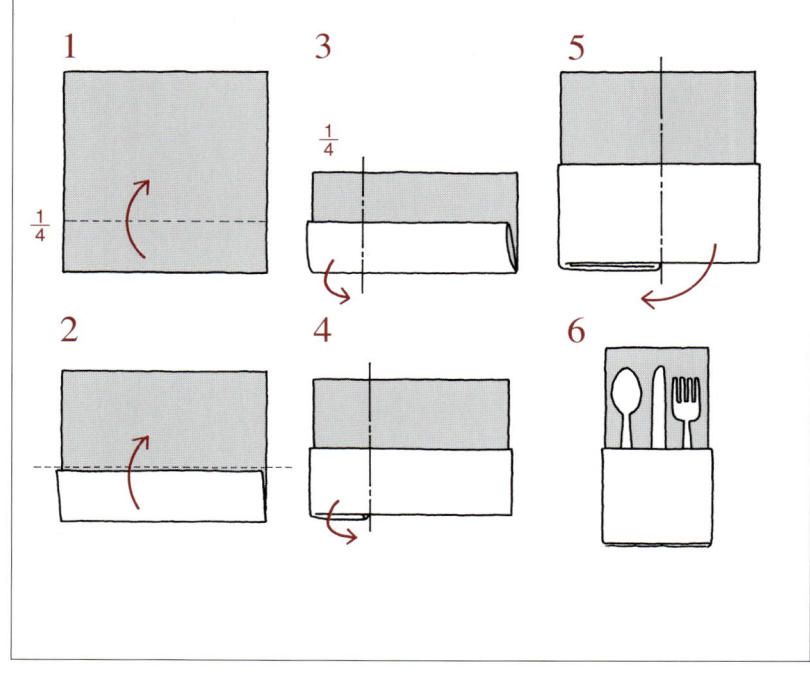

のし折り　シルバーホルダーB

1

$\frac{1}{4}$

2

3

$\frac{1}{4}$

4

5

6

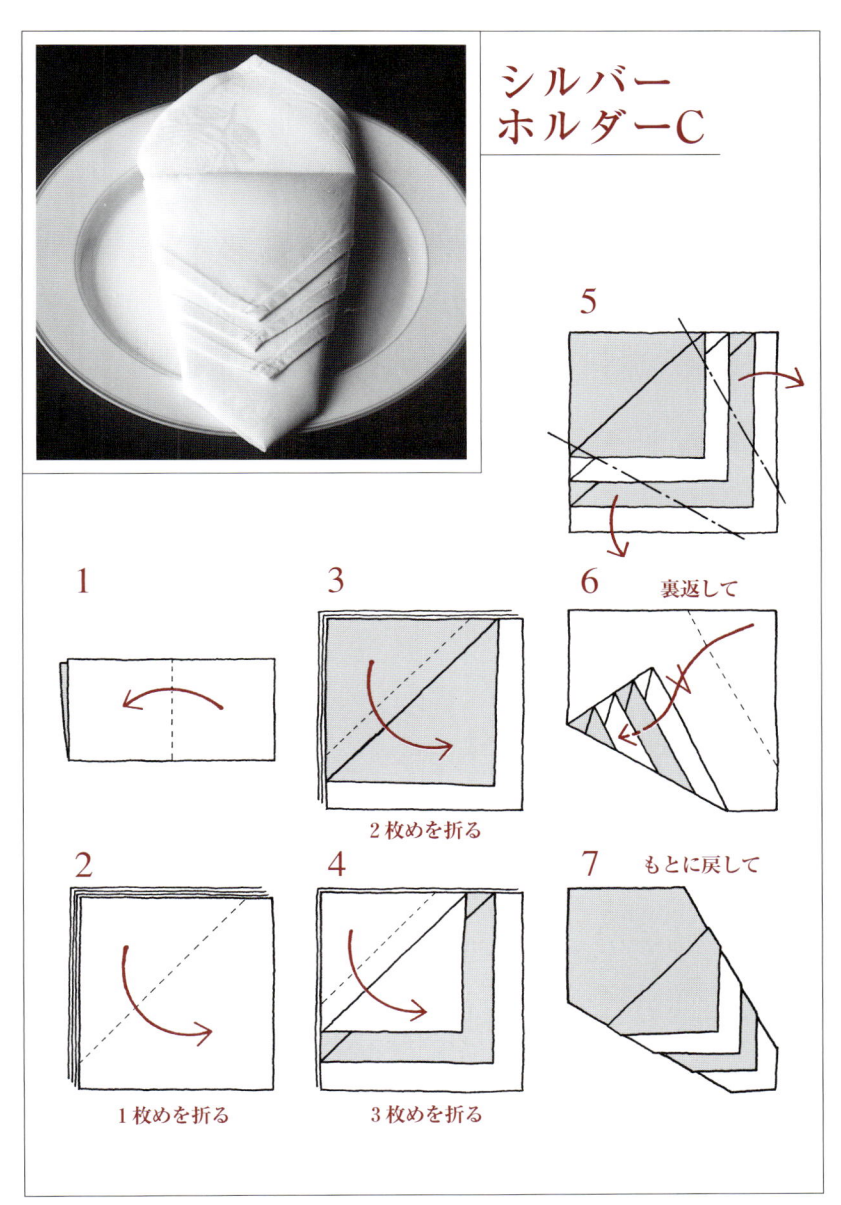

シルバーホルダーC

5

6 裏返して

1

2
1枚めを折る

3
2枚めを折る

4
3枚めを折る

7 もとに戻して

のし折り　シルバーホルダーC

シルバーホルダーD

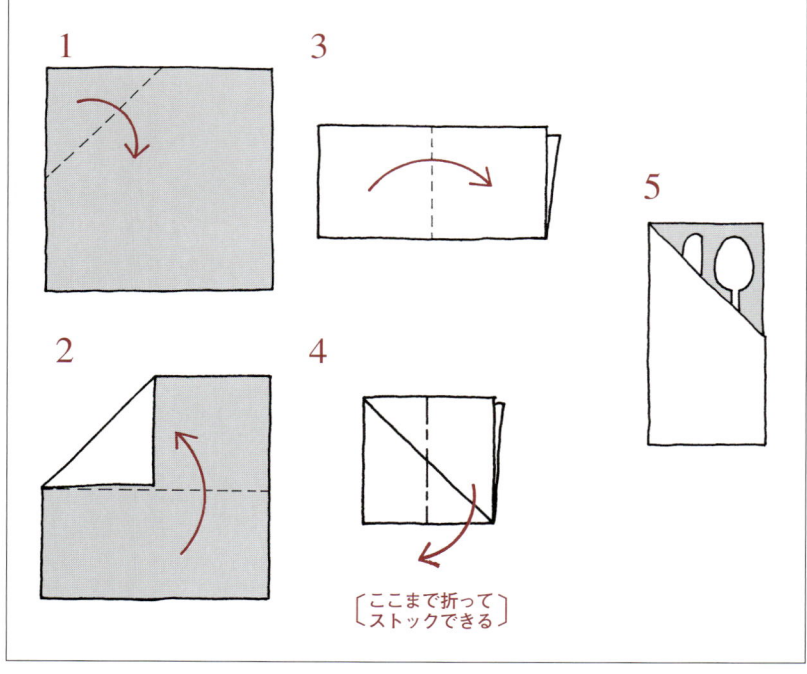

のし折り　シルバーホルダーD

1

2

3

4

5

[ここまで折って
ストックできる]

50

お結び

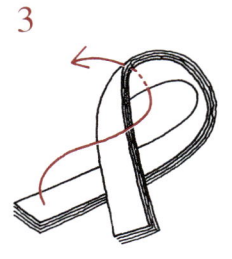

1

12〜18等分の
アコーディオン折り

2

3

4

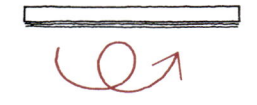

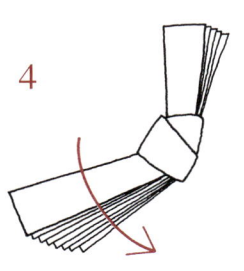

一方を広げる

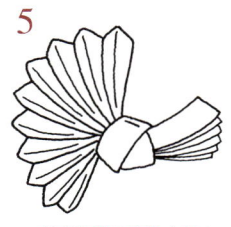

5

結ぶ位置を変えたり、
一方を広げたりする
ことで、変化に富ん
だ形ができる

アコーディオン折り　お結び

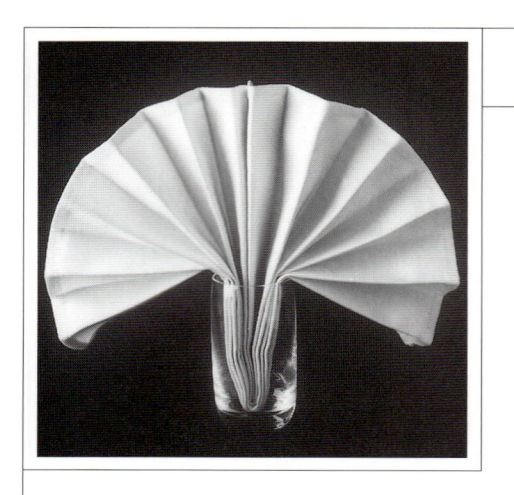

大 扇

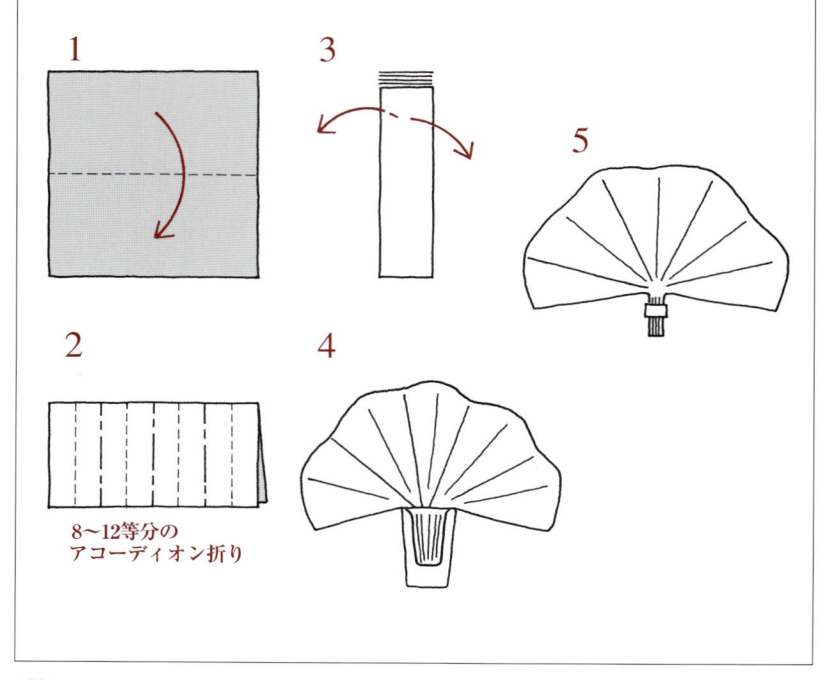

アコーディオン折り 大扇

1

2

8〜12等分の
アコーディオン折り

3

4

5

52

二枚扇

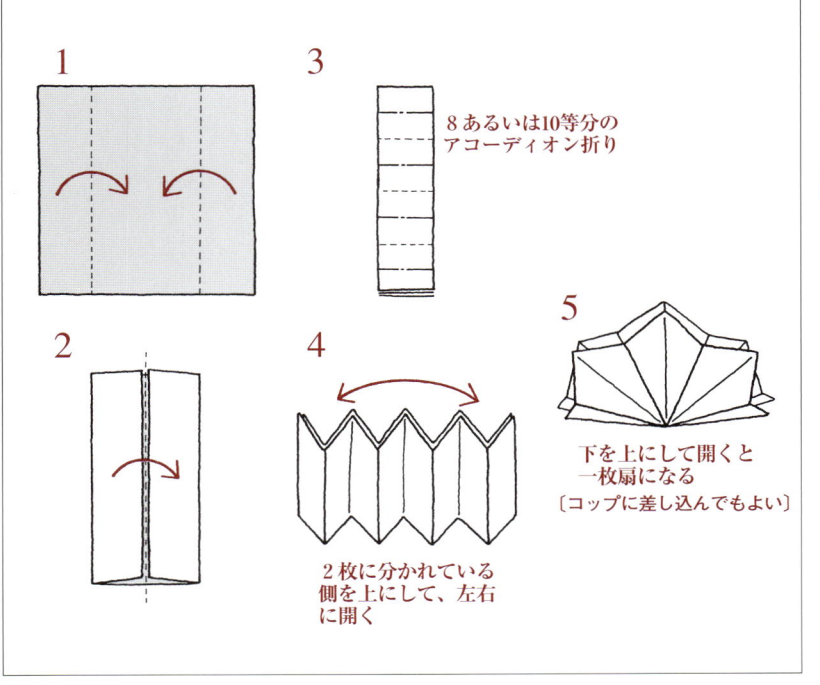

1

2

3

8あるいは10等分の
アコーディオン折り

4

2枚に分かれている
側を上にして、左右
に開く

5

下を上にして開くと
一枚扇になる
〔コップに差し込んでもよい〕

アコーディオン折り　二枚扇

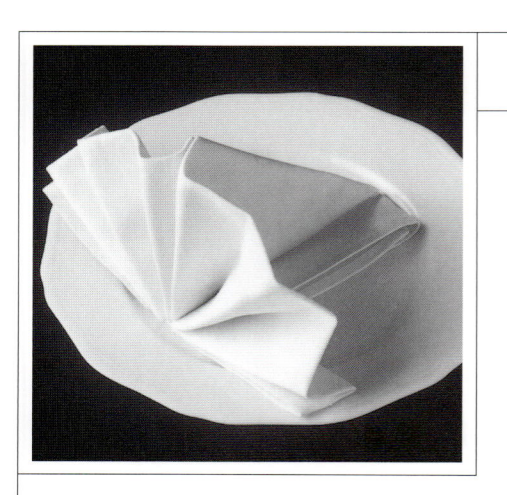

鳳尾扇

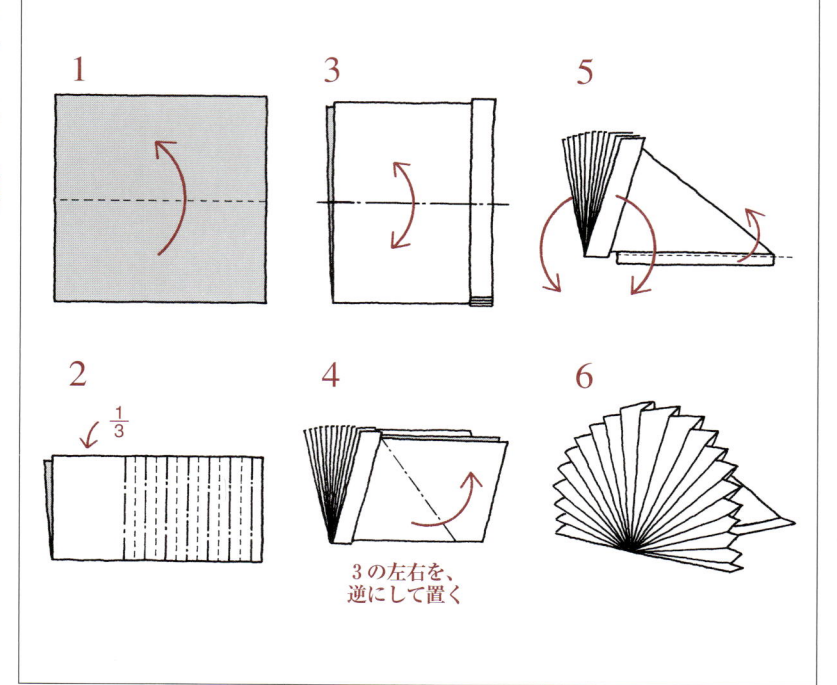

アコーディオン折り　鳳尾扇

1

2 ↙ 1/3

3

4
3の左右を、
逆にして置く

5

6

54

夫婦扇

*75cmサイズの、のりのきいたナプキンを使用

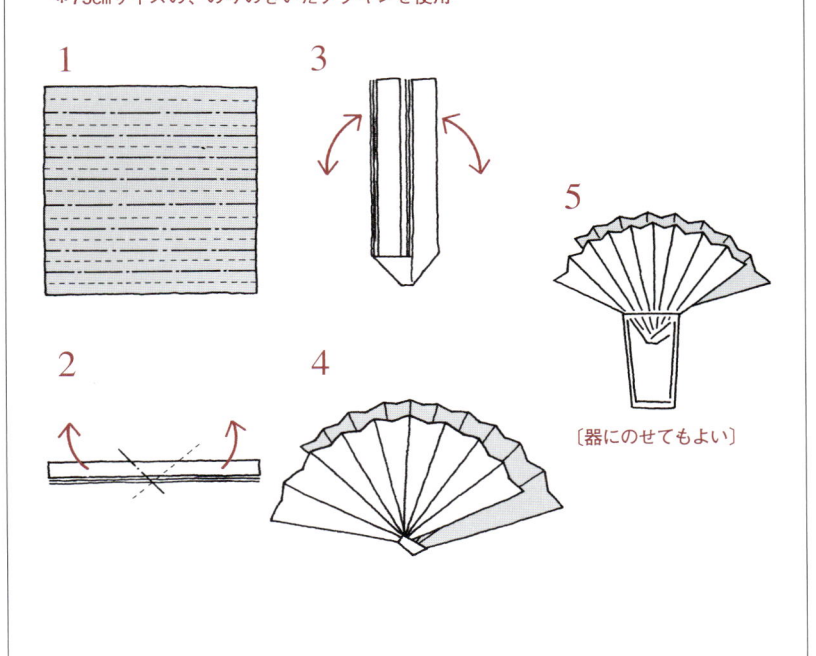

1

2

3

4

5

〔器にのせてもよい〕

アコーディオン折り　夫婦扇

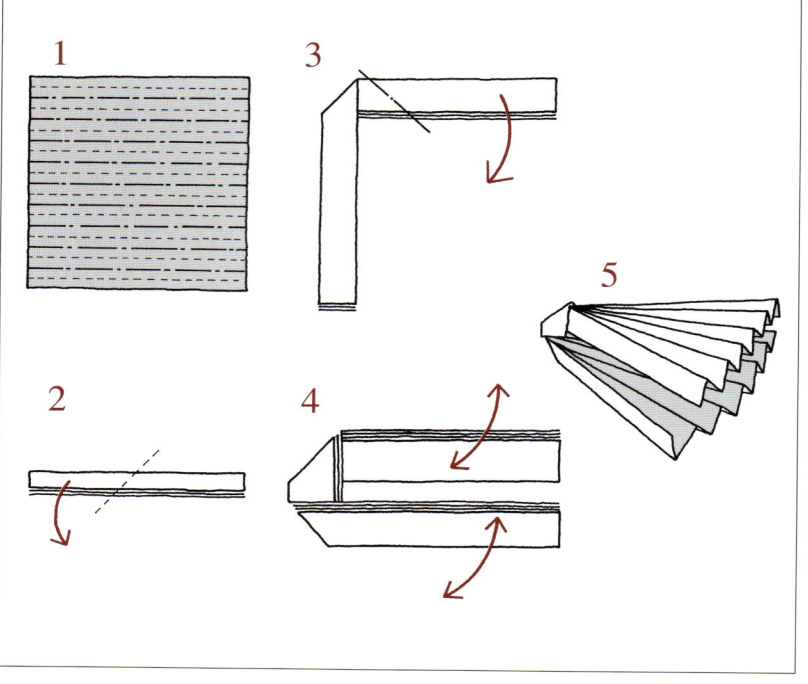

扇貝

アコーディオン折り　扇貝

1
2
3
4
5

56

三枚扇

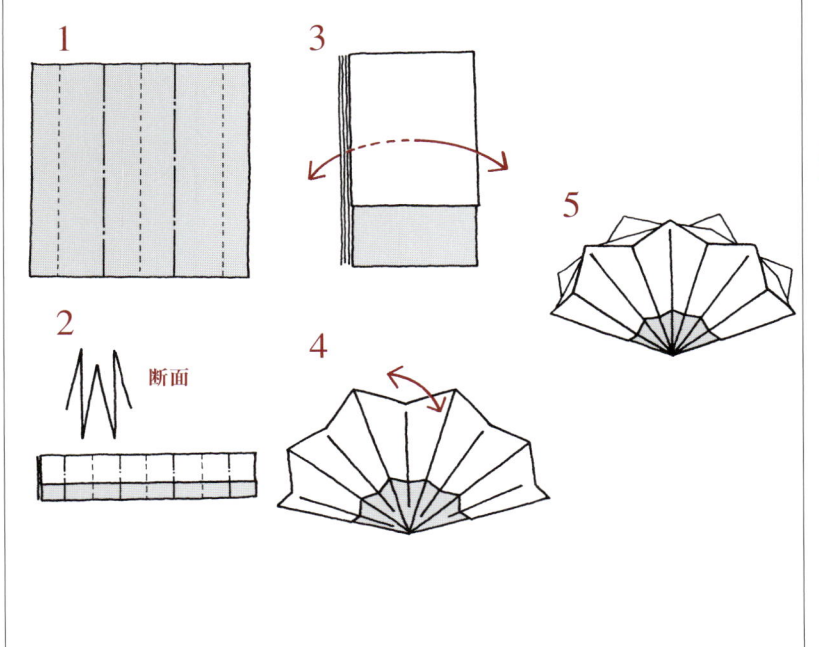

1

2 断面

3

4

5

アコーディオン折り　三枚扇

舞扇末広

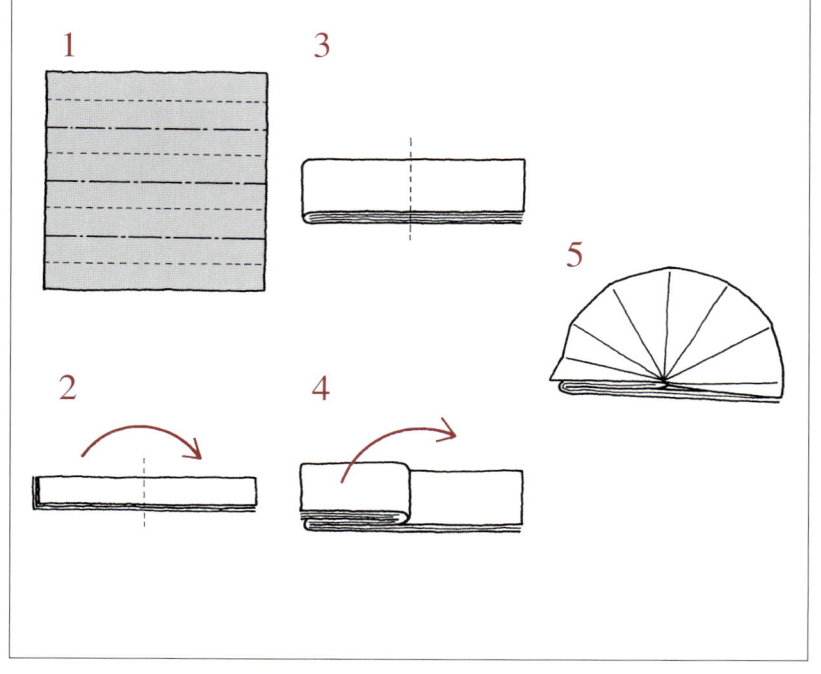

アコーディオン折り　舞扇末広

1

2

3

4

5

58

三角末広

5

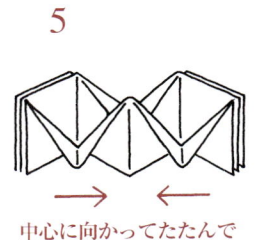

中心に向かってたたんで

1

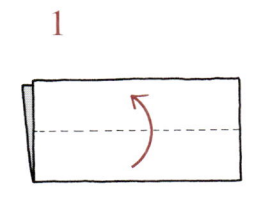

2

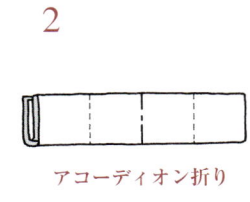

アコーディオン折り

3

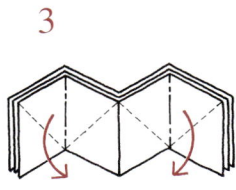

手前の1枚を線に
そって引き出す

4

向こう側の2枚も
線にそって折る

6

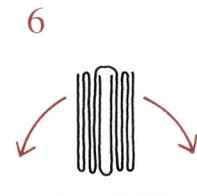

左右に広げる

7

アコーディオン折り 三角末広

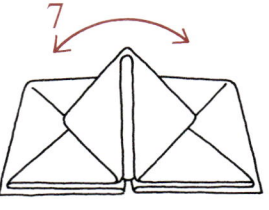

スター末広

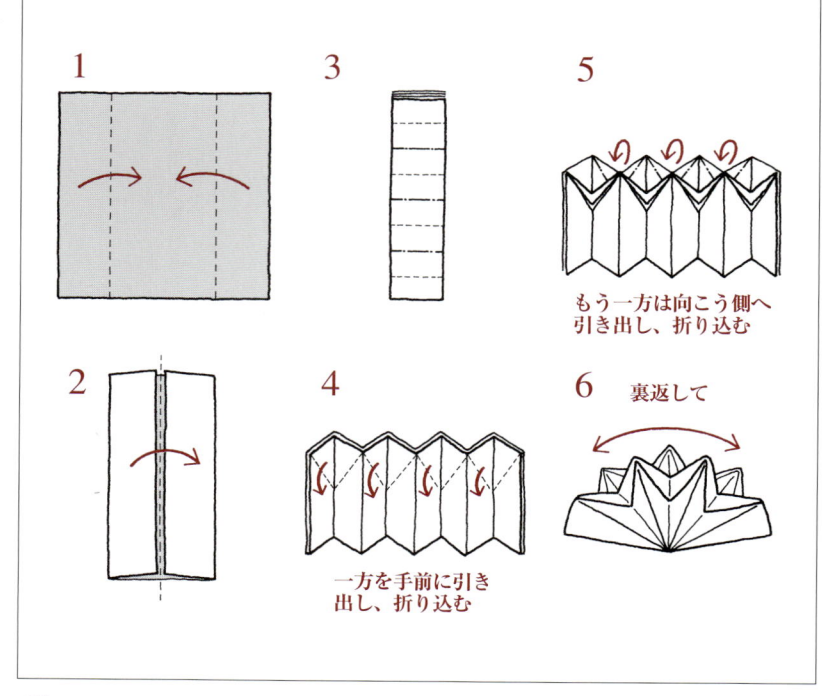

アコーディオン折り　スター末広

1

2

3

4
一方を手前に引き出し、折り込む

5
もう一方は向こう側へ引き出し、折り込む

6
裏返して

法王冠

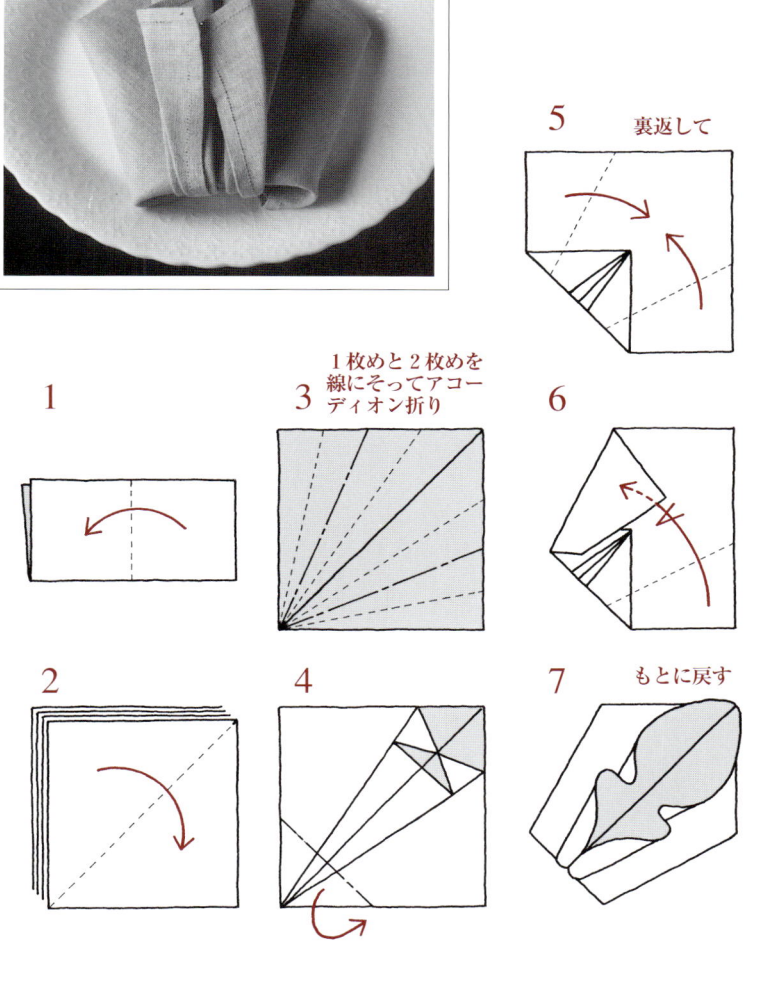

5 裏返して

1

3 1枚めと2枚めを線にそってアコーディオン折り

6

2

4

7 もとに戻す

アコーディオン折り 法王冠

貴婦人

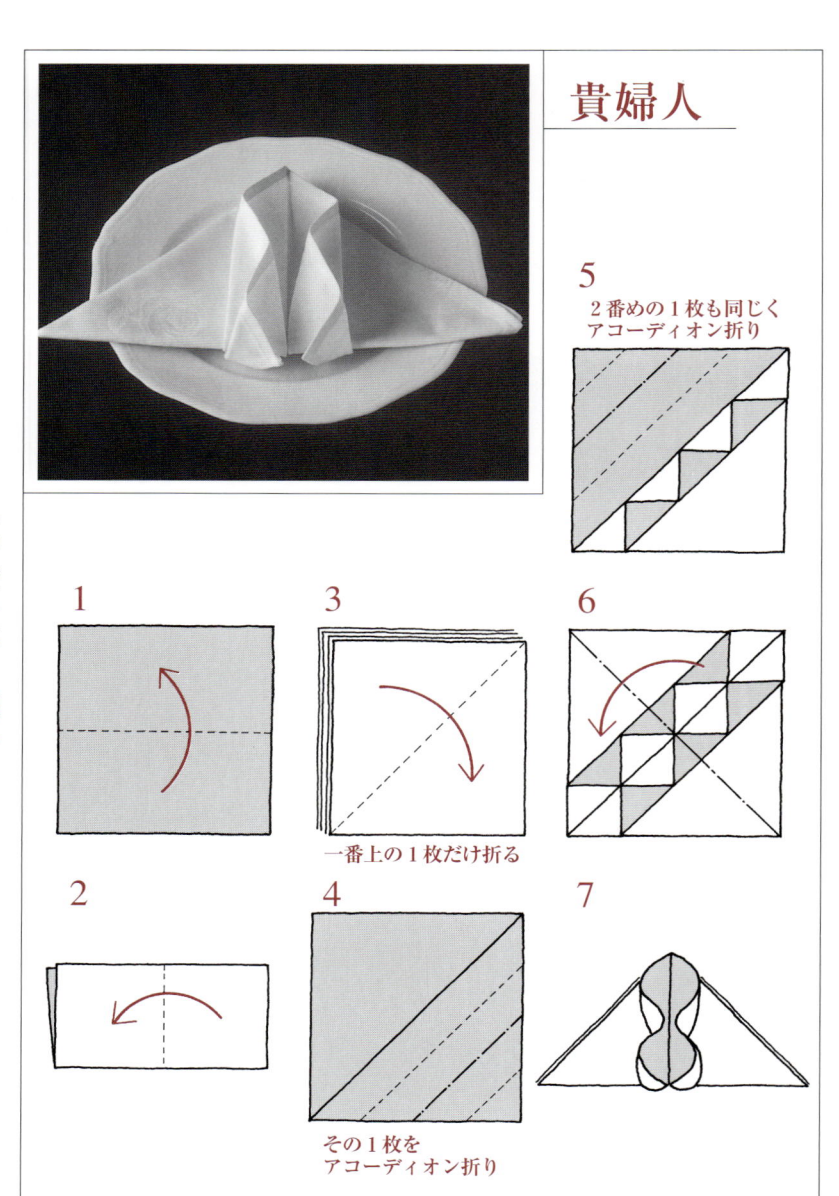

アコーディオン折り 貴婦人

5
2番めの1枚も同じく
アコーディオン折り

1

3
一番上の1枚だけ折る

6

2

4
その1枚を
アコーディオン折り

7

コメット

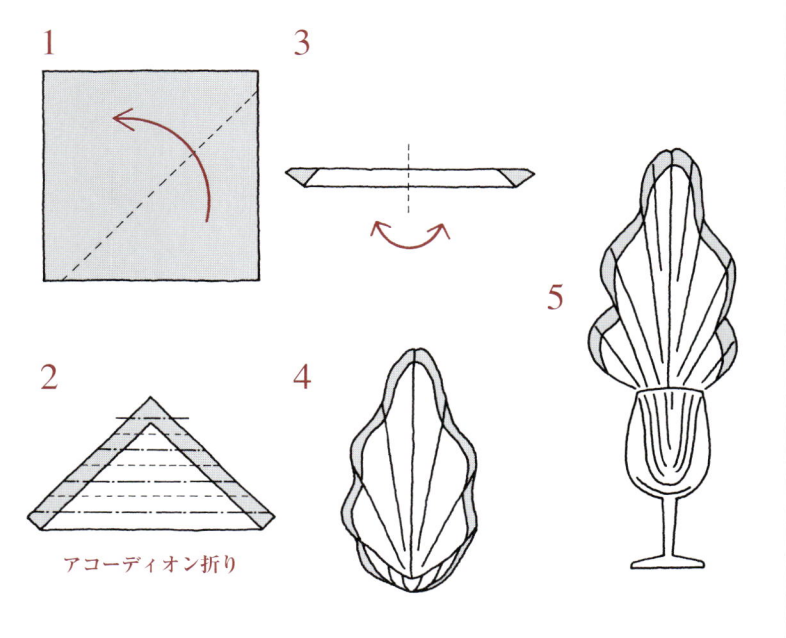

1

2
アコーディオン折り

3

4

5

アコーディオン折り　コメット

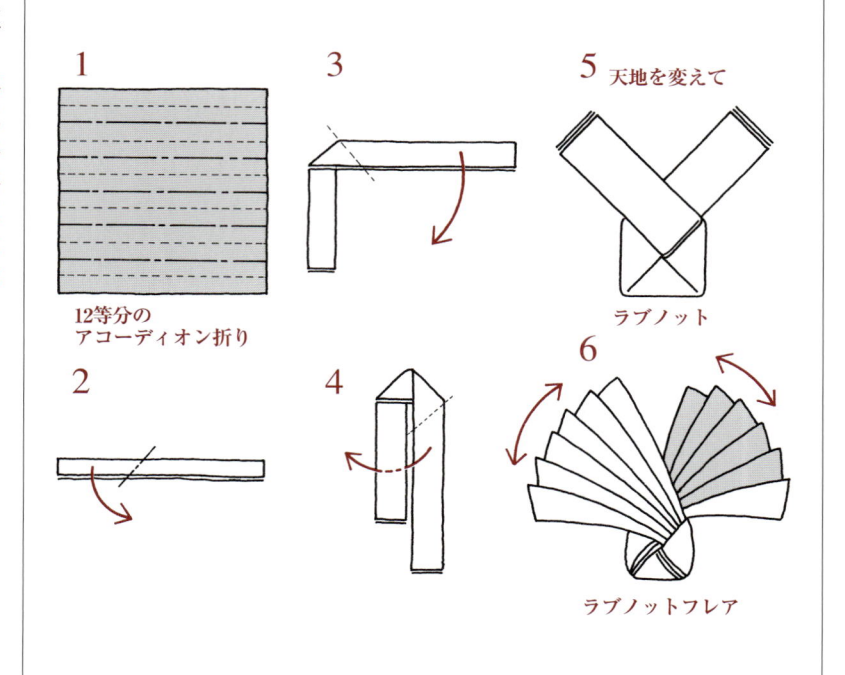

ラブノット／
ラブノットフレア

アコーディオン折り　ラブノット／ラブノットフレア

1
12等分の
アコーディオン折り

2

3

4

5 天地を変えて
ラブノット

6
ラブノットフレア

小三日月

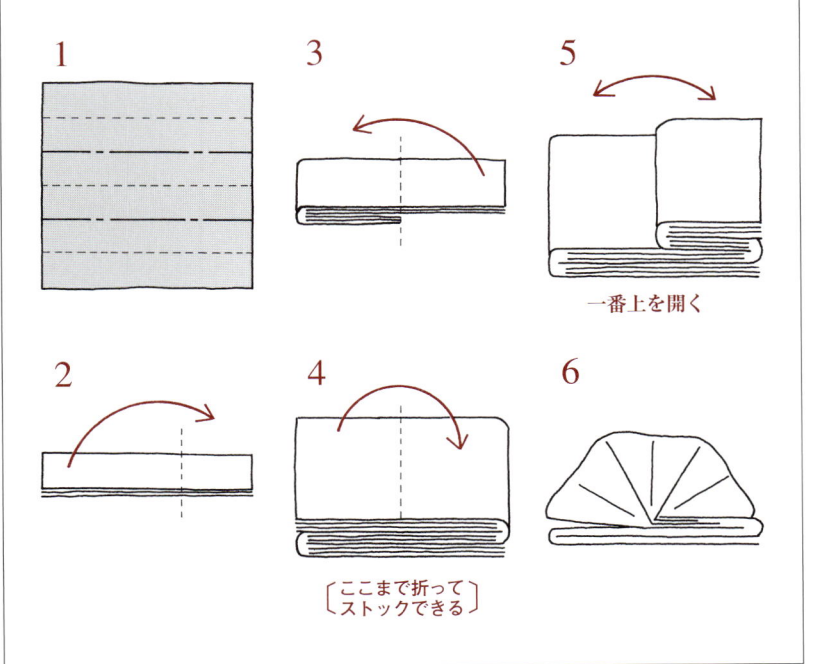

アコーディオン折り 小三日月

1

2

3

4

〔ここまで折って〕
〔ストックできる〕

5

一番上を開く

6

エスカルゴ

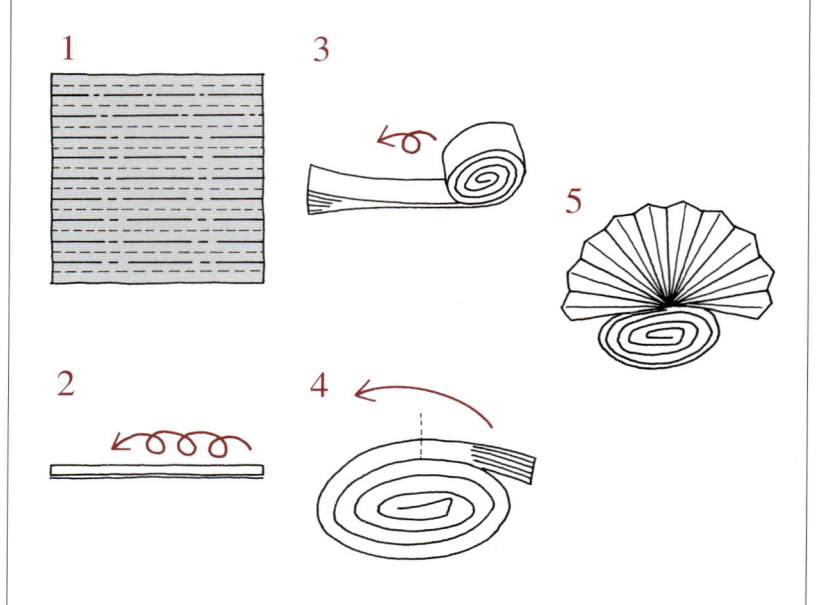

アコーディオン折り　エスカルゴ

1

2

3

4

5

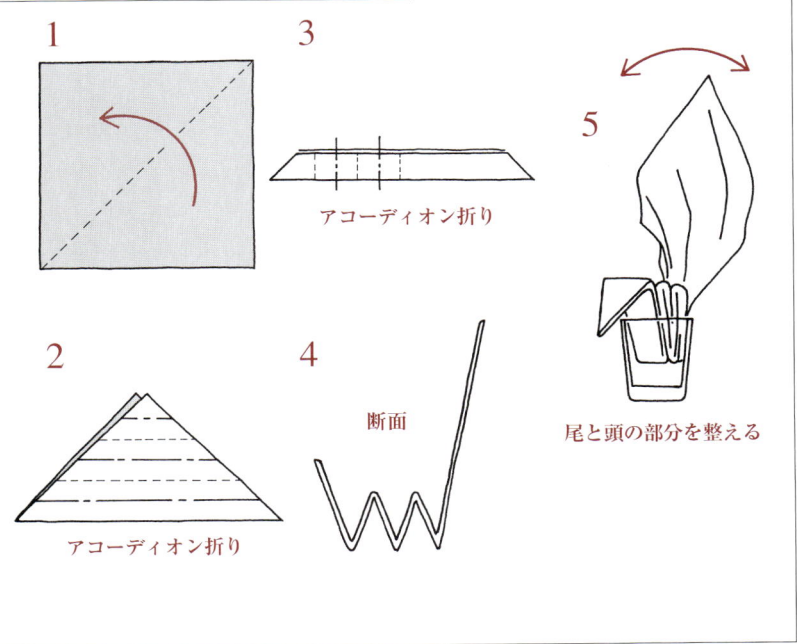

リス

1

2 アコーディオン折り

3 アコーディオン折り

4 断面

5 尾と頭の部分を整える

アコーディオン折り　リス

着物

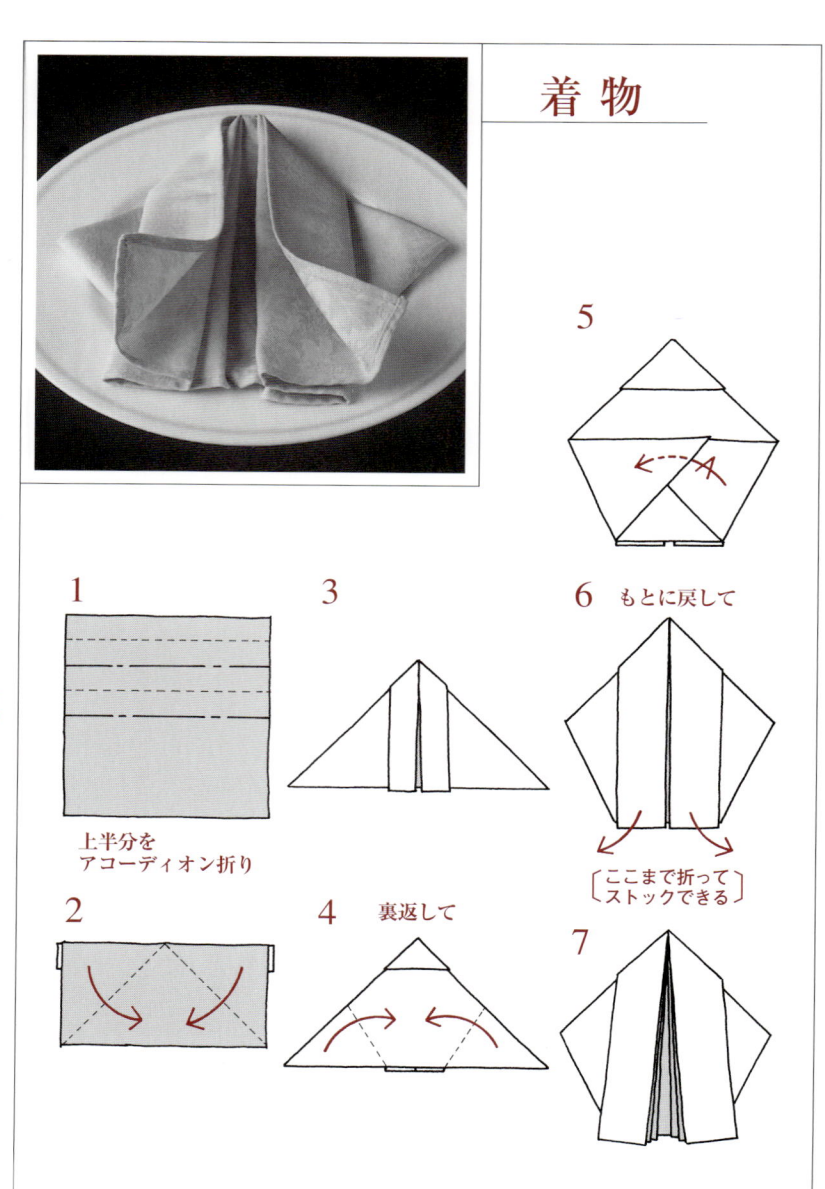

アコーディオン折り　着物

1
上半分を
アコーディオン折り

2

3

4 裏返して

5

6 もとに戻して
〔ここまで折って
ストックできる〕

7

軽 船

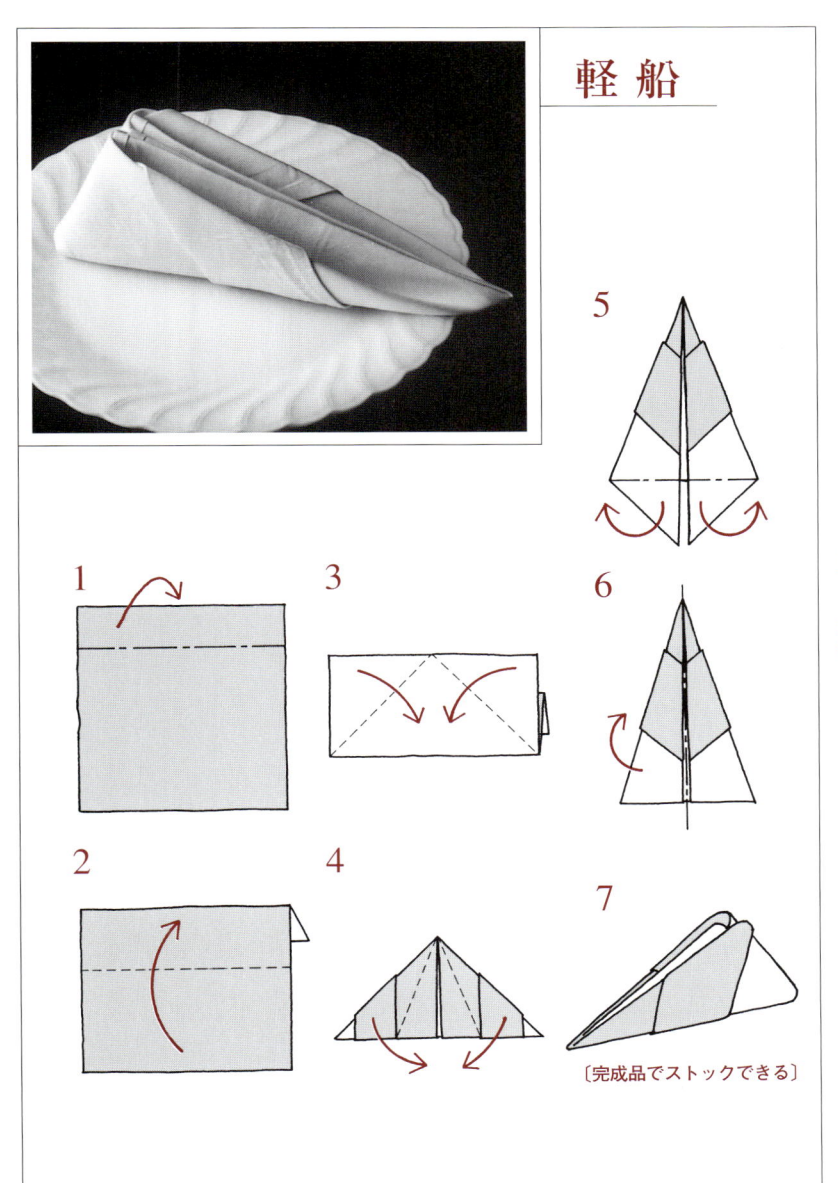

5

1

3

6

2

4

7

〔完成品でストックできる〕

船折り　軽船

69

帆 船

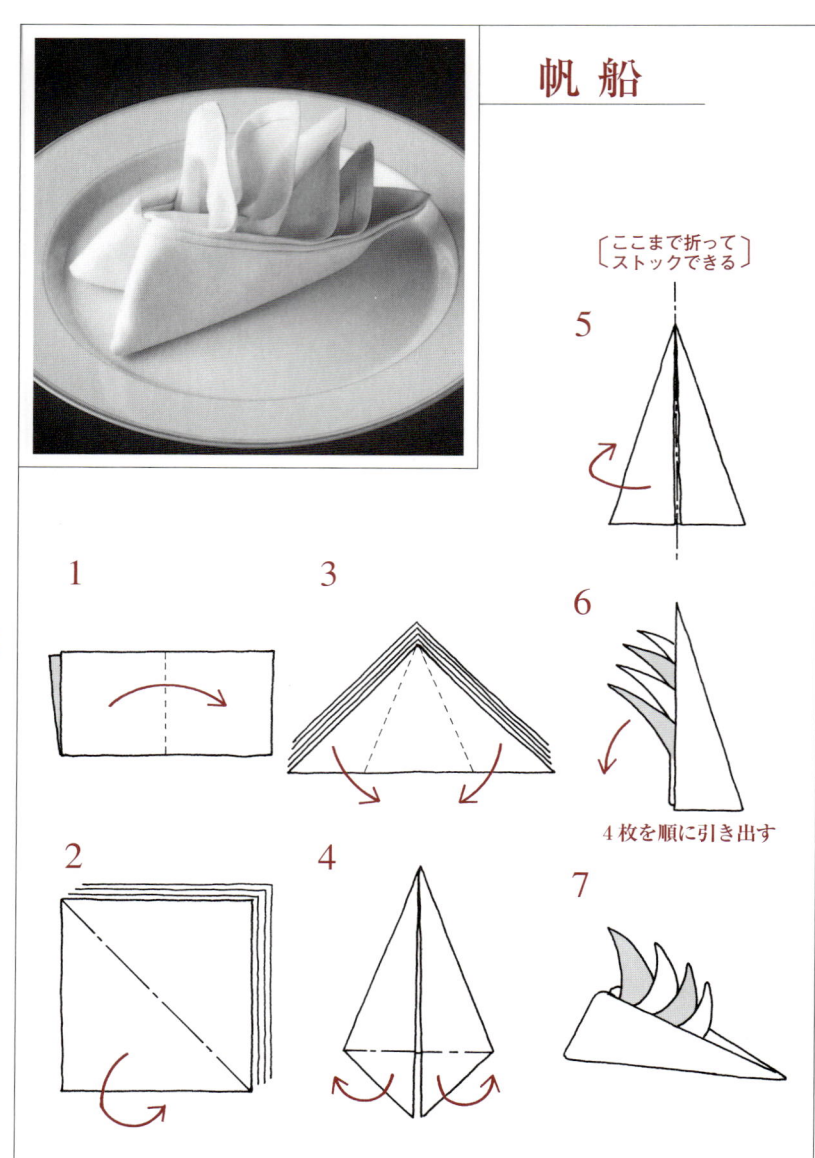

船折り　帆船

5 〔ここまで折ってストックできる〕

1

2

3

4

6　4枚を順に引き出す

7

ゆりかご

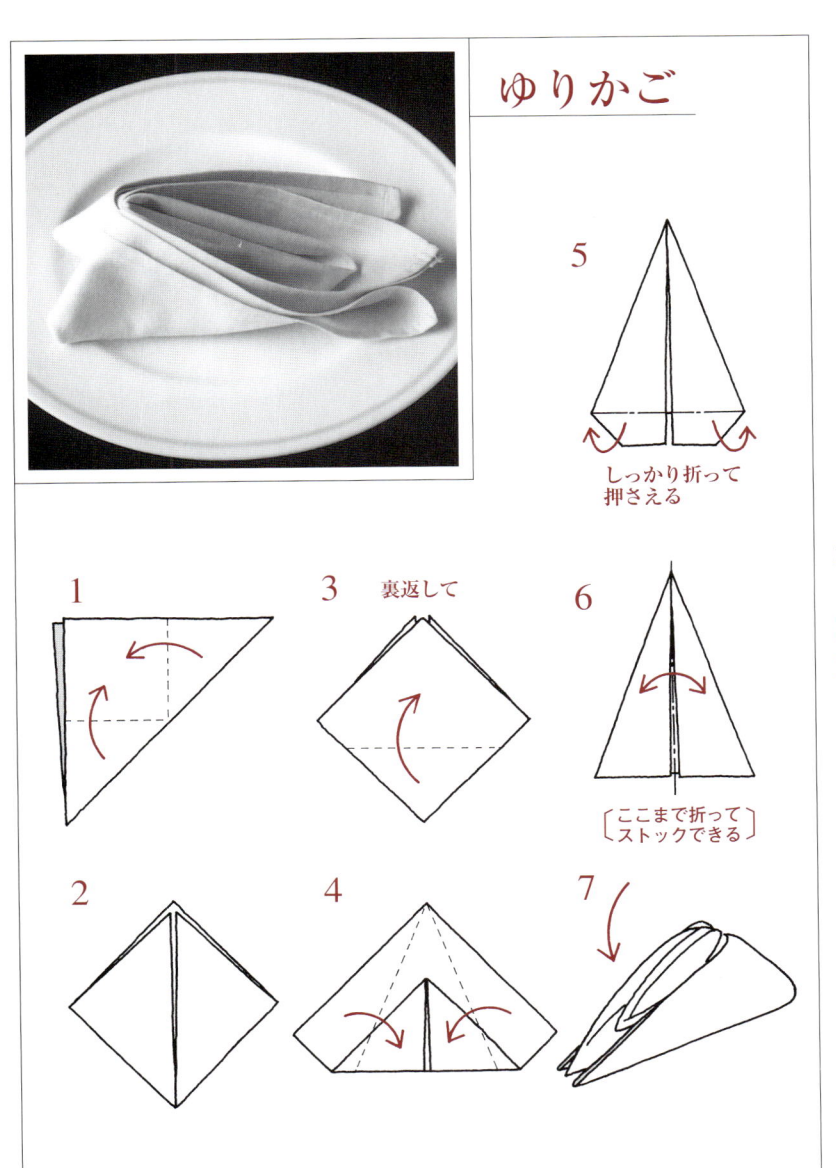

5

しっかり折って
押さえる

1

2

3 裏返して

4

6

〔ここまで折って
ストックできる〕

7

船折り　ゆりかご

一帆順風／カトレア

船折り　一帆順風／カトレア

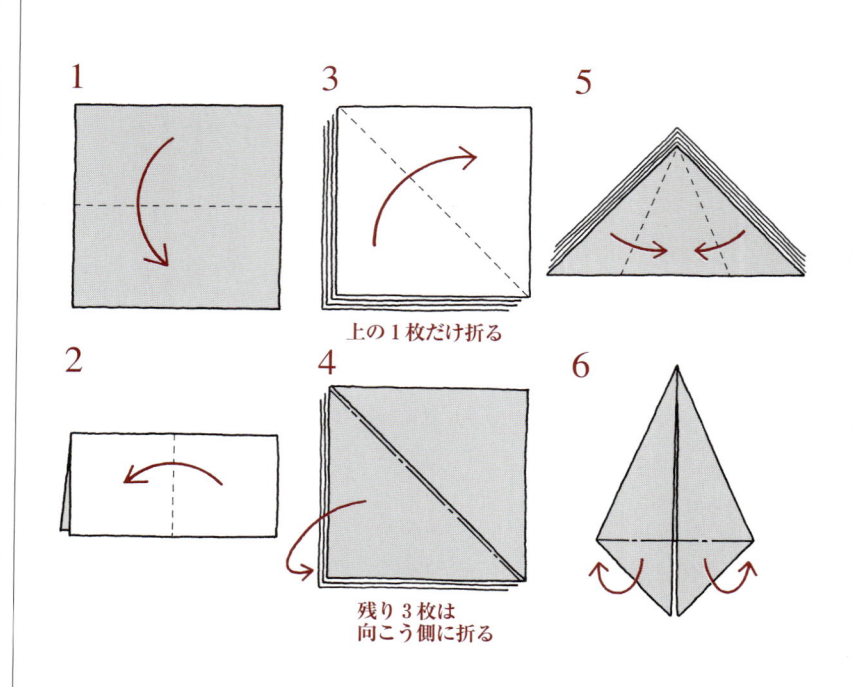

1

2

3
上の1枚だけ折る

4
残り3枚は
向こう側に折る

5

6

11

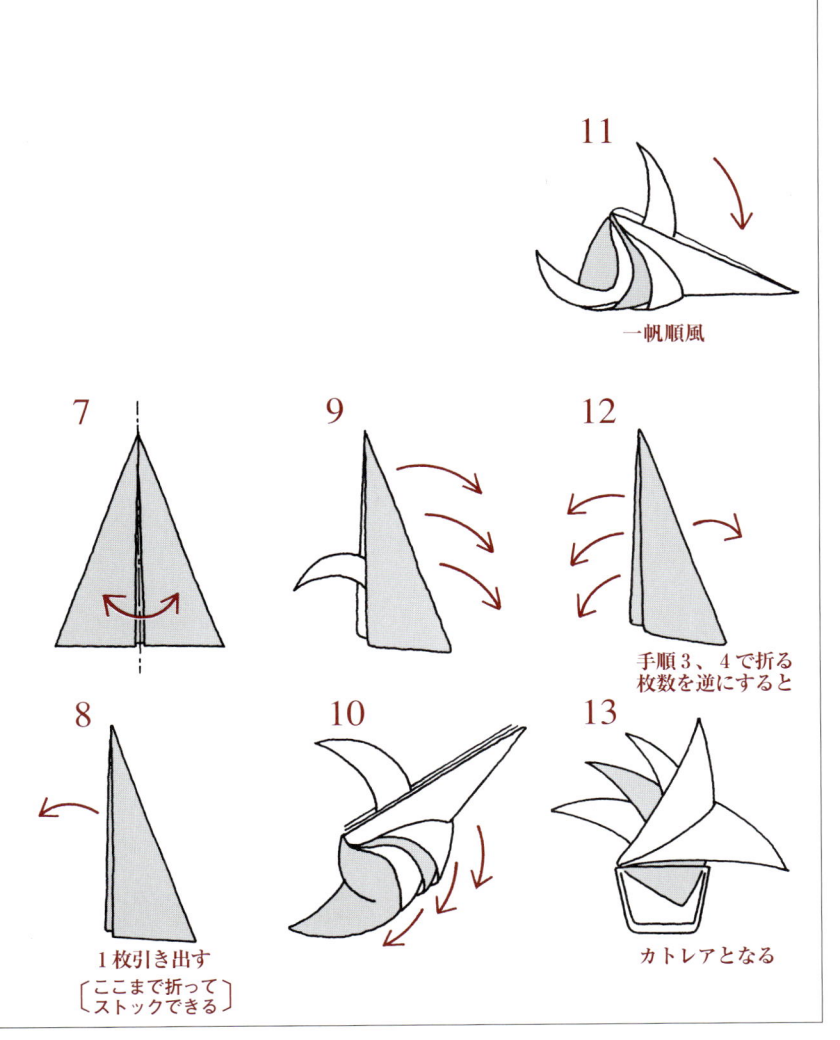

一帆順風

7

9

12

手順3、4で折る
枚数を逆にすると

8

1枚引き出す
〔ここまで折って
ストックできる〕

10

13

カトレアとなる

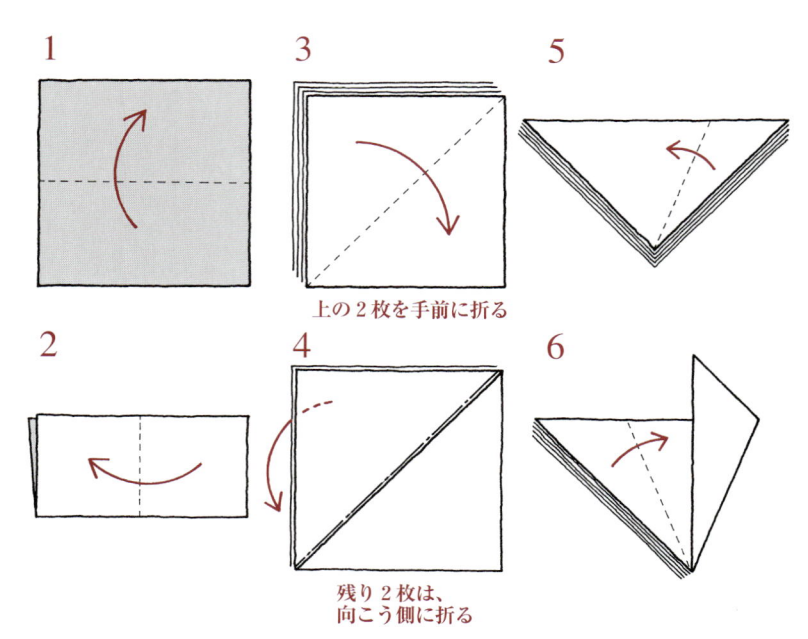

鶏冠

船折り 鶏冠

1

2

3
上の2枚を手前に折る

4
残り2枚は、
向こう側に折る

5

6

74

7
しっかりと折る

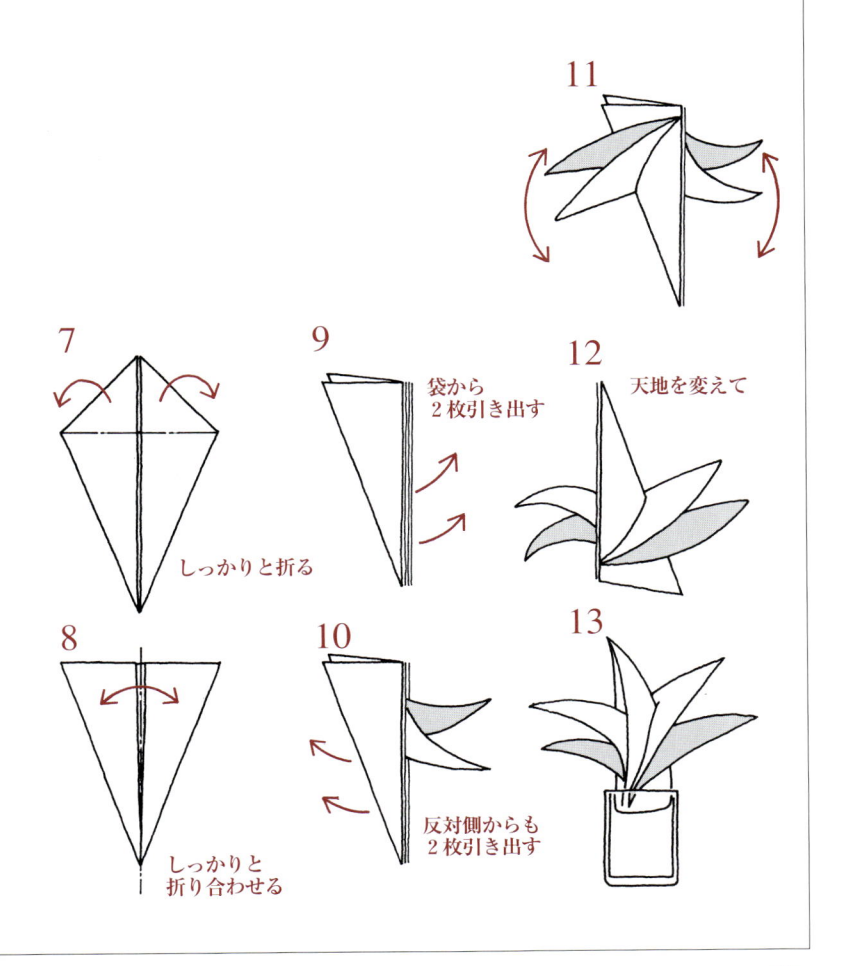

8
しっかりと折り合わせる

9
袋から2枚引き出す

10
反対側からも2枚引き出す

11

12
天地を変えて

13

シンデレラの靴

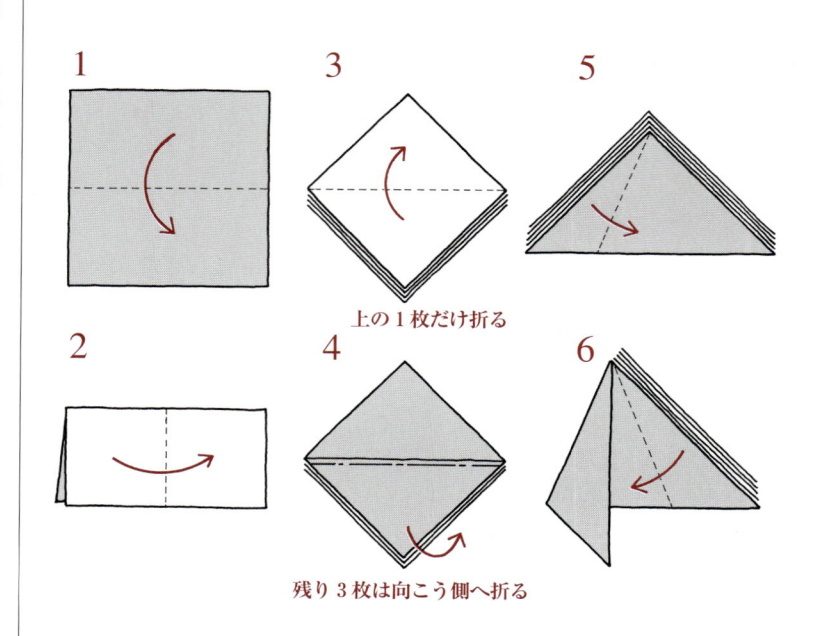

船折り シンデレラの靴

1

2

3

上の1枚だけ折る

4

残り3枚は向こう側へ折る

5

6

11

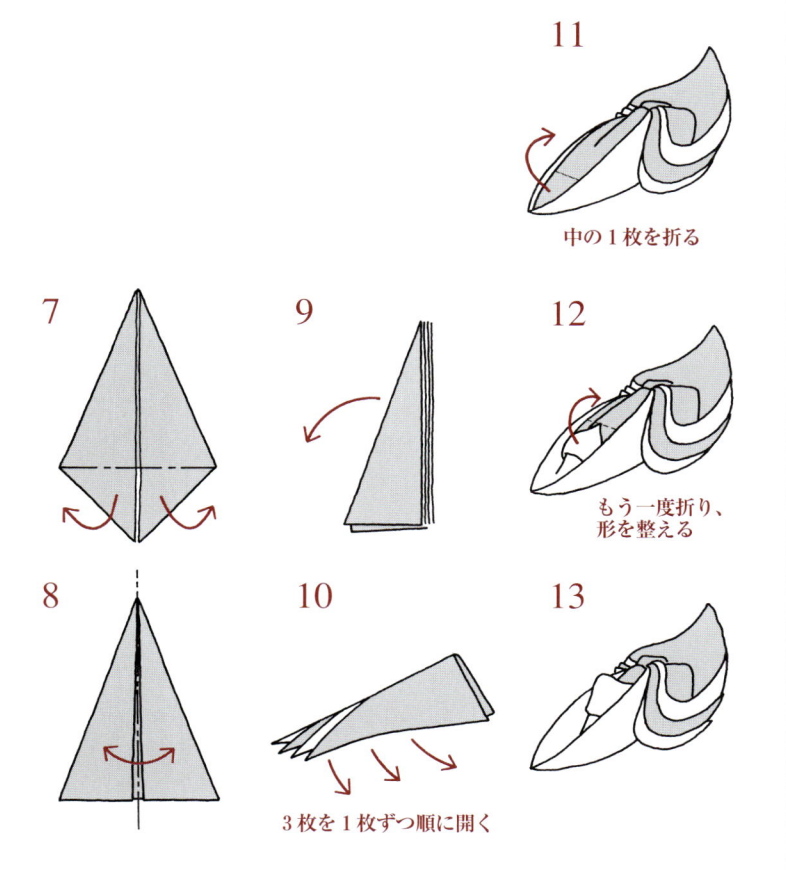

中の1枚を折る

7

9

12

もう一度折り、
形を整える

8

10

13

3枚を1枚ずつ順に開く

平和の使者

船折り　平和の使者

1

2

3　裏返して

4

5

6

7

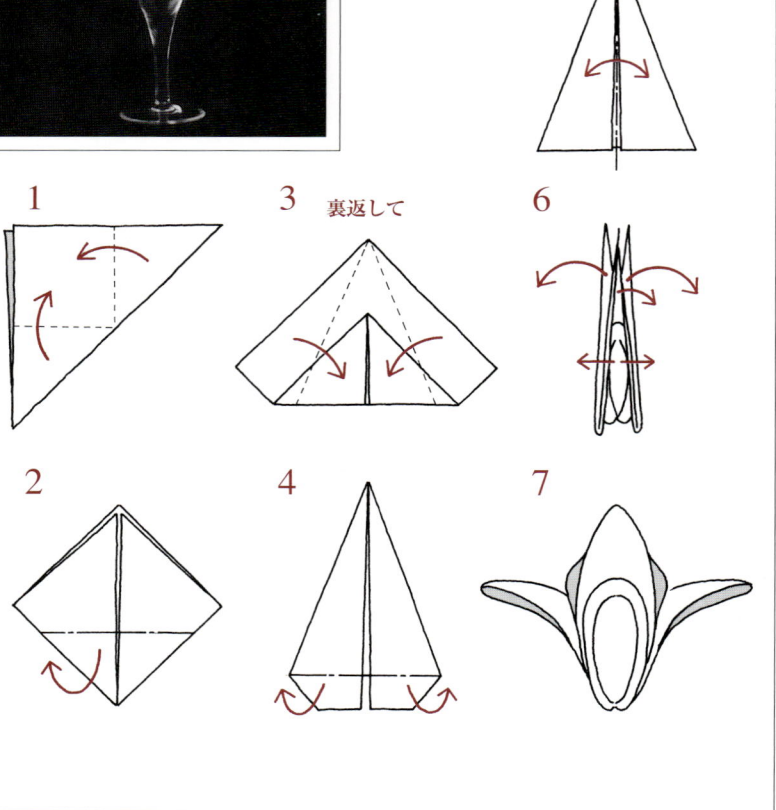

78

テーブルナプキンの折り方 2

巻き折り　80

鶴折り　88

亀折り　100

かぶと折り　108

ヨット折り　114

タワー折り　116

山折り　118

その他　121

Vサイン

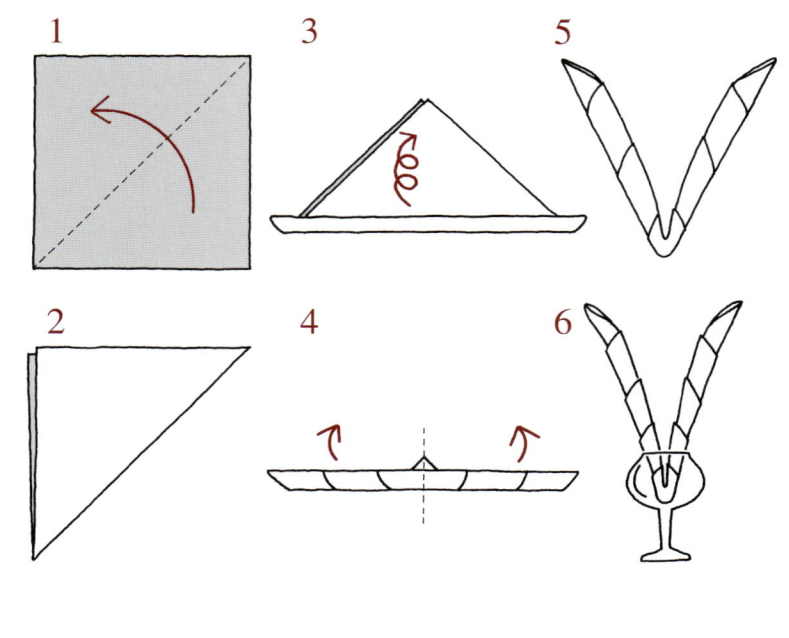

巻き折り　Vサイン

1

2

3

4

5

6

80

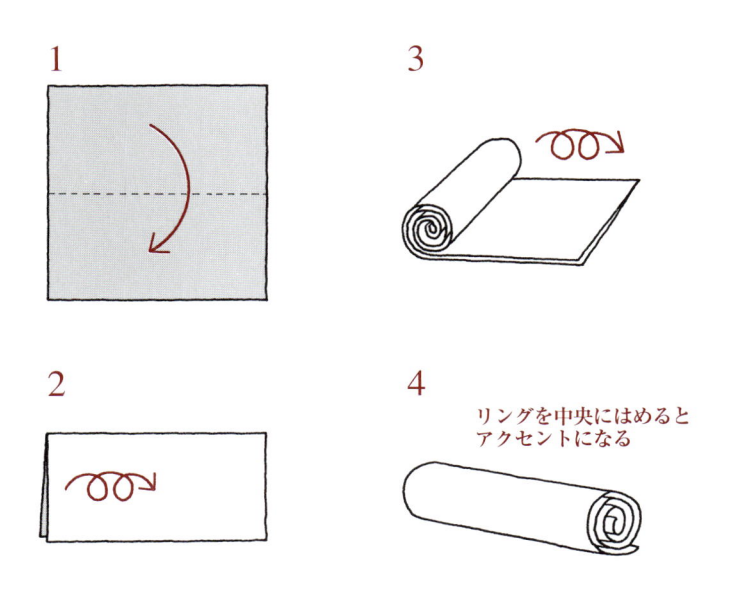

棒

1

2

3

4

**リングを中央にはめると
アクセントになる**

巻き折り　棒

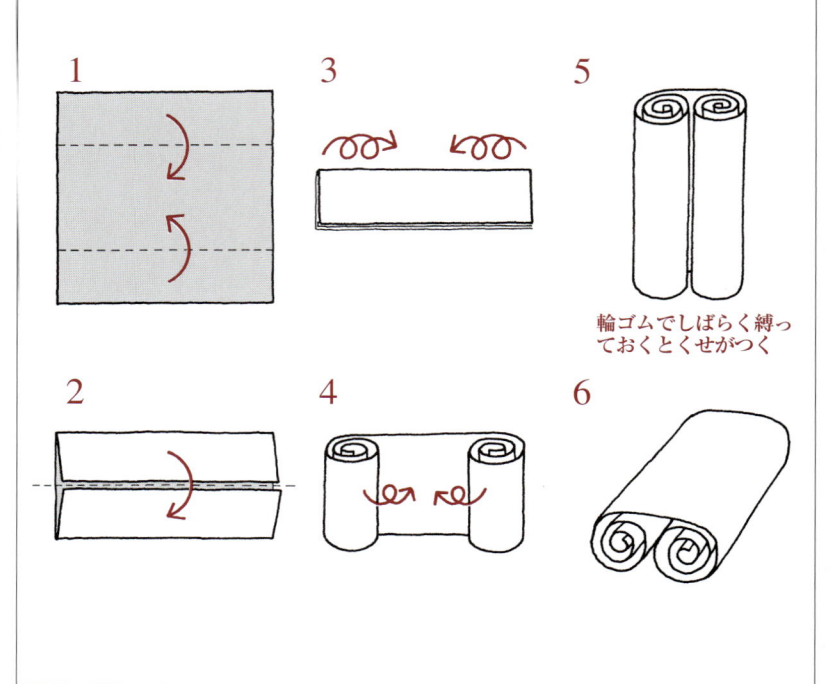

如意

巻き折り　如意

1

2

3

4

5

輪ゴムでしばらく縛っておくとくせがつく

6

ろうそくの灯

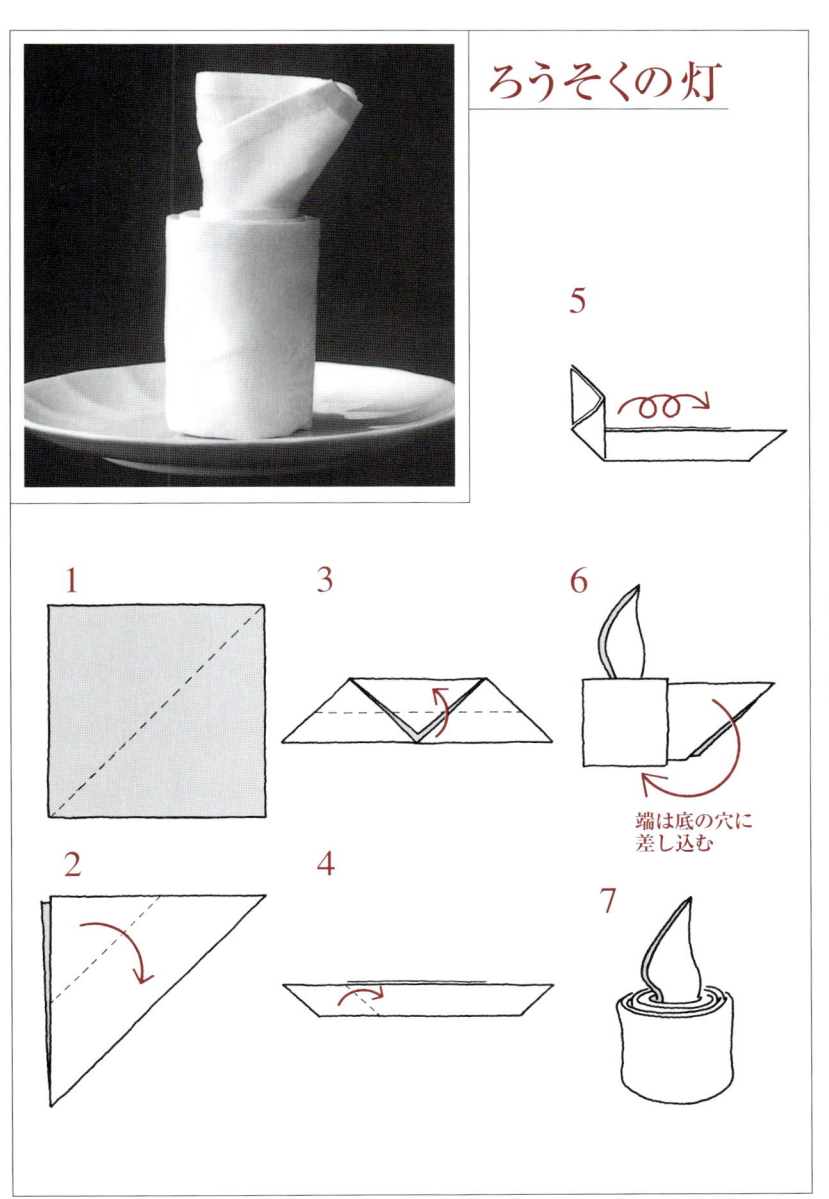

5

6

端は底の穴に
差し込む

巻き折り　ろうそくの灯

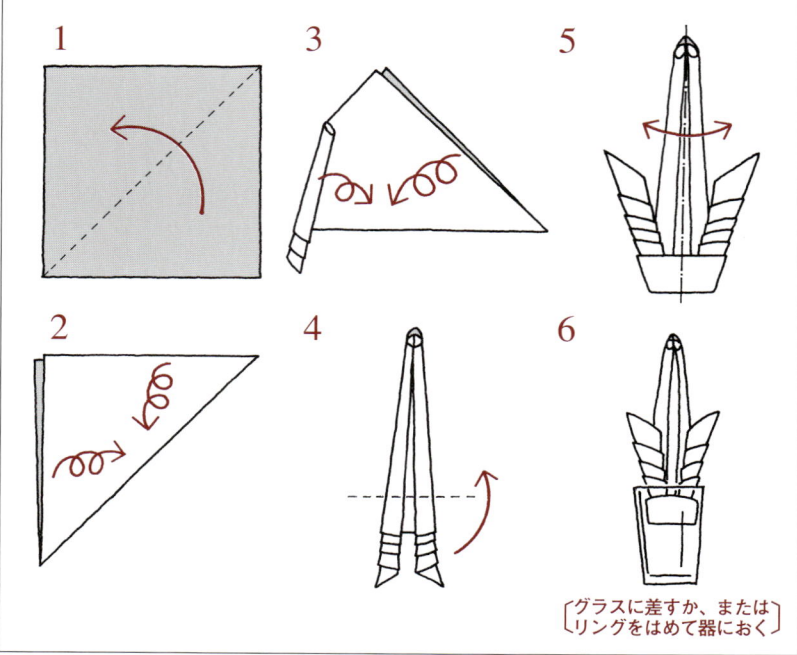

門松

巻き折り 門松

1
2
3
4
5
6

[グラスに差すか、または
リングをはめて器におく]

84

クロワッサン

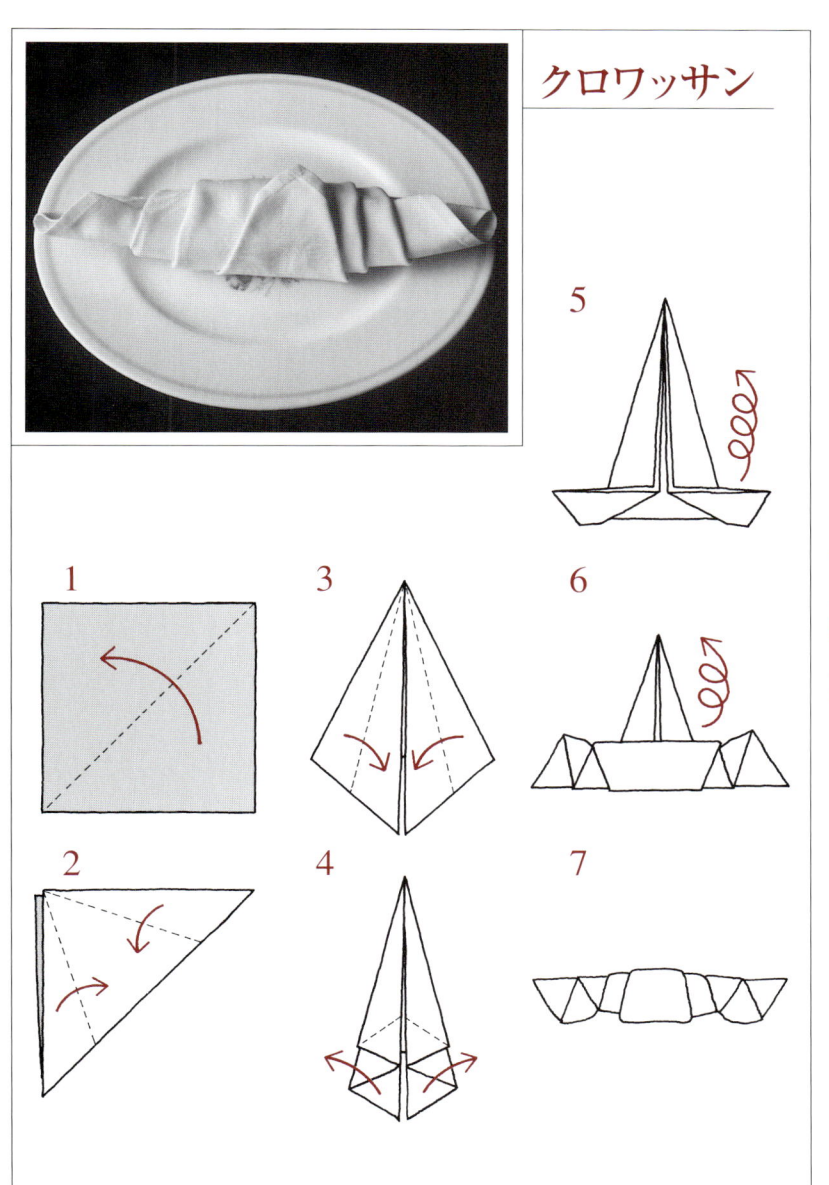

5

1

2

3

4

6

7

巻き折り　クロワッサン

85

キ ジ

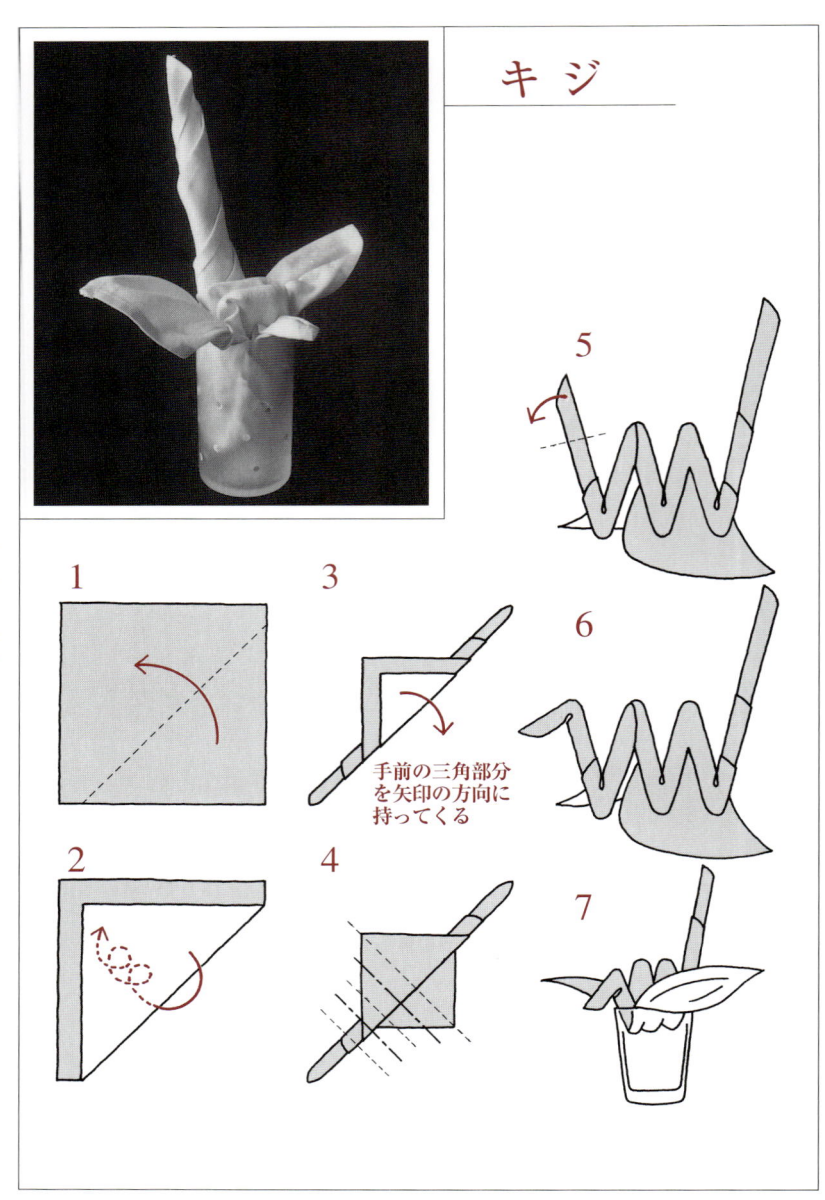

巻き折り キジ

1

2

3

手前の三角部分を矢印の方向に持ってくる

4

5

6

7

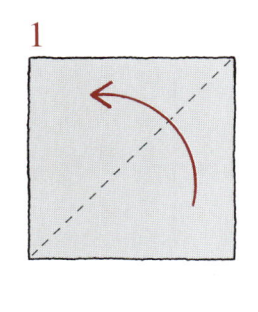

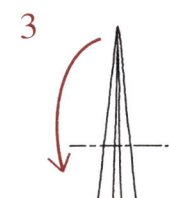

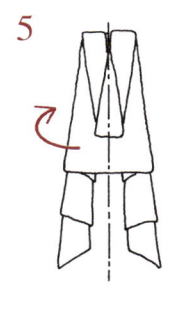

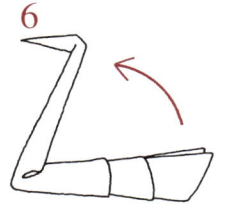

白鳥

1

2

3

4 裏返して

5

6

巻き折り　白鳥

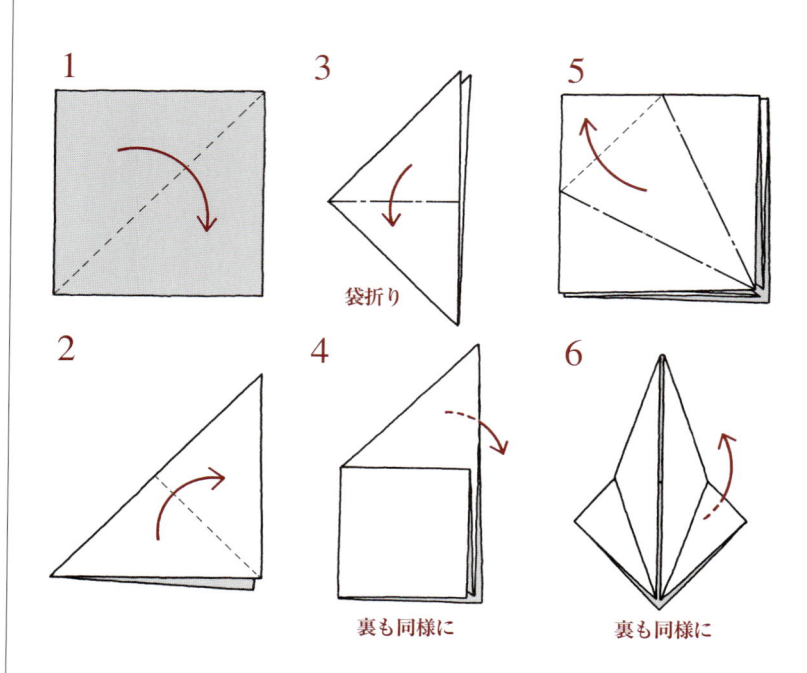

折鶴

鶴折り　折鶴

1

2

3
袋折り

4
裏も同様に

5

6
裏も同様に

7

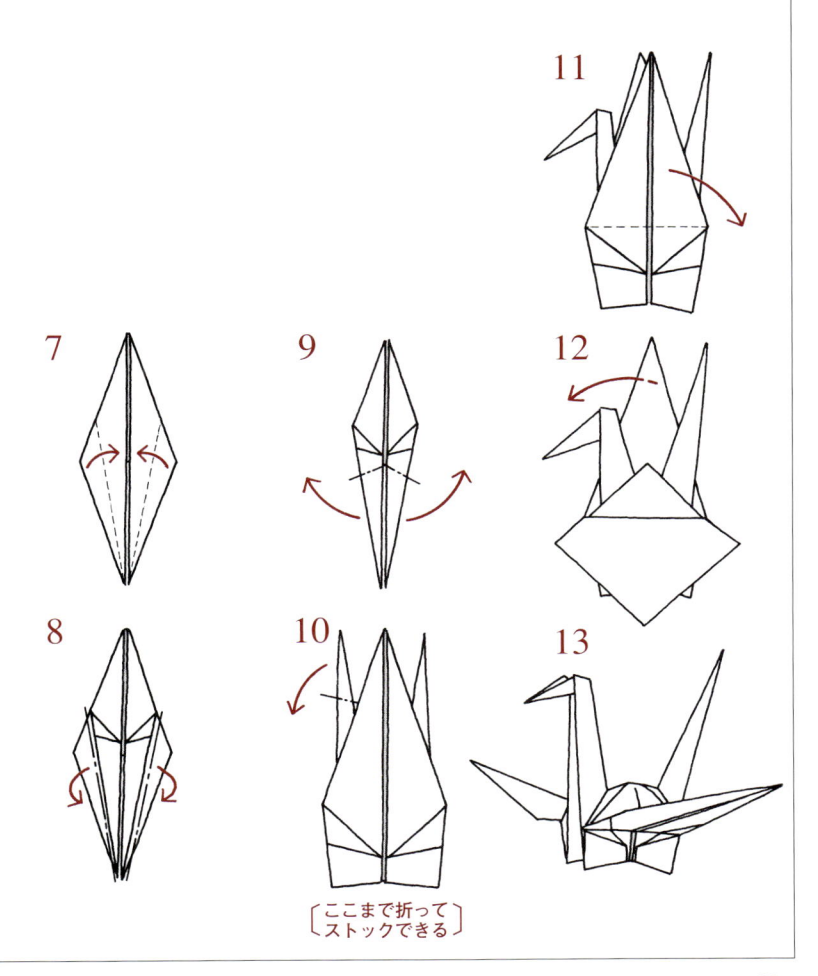

8

9

10

〔ここまで折って
ストックできる〕

11

12

13

花中花

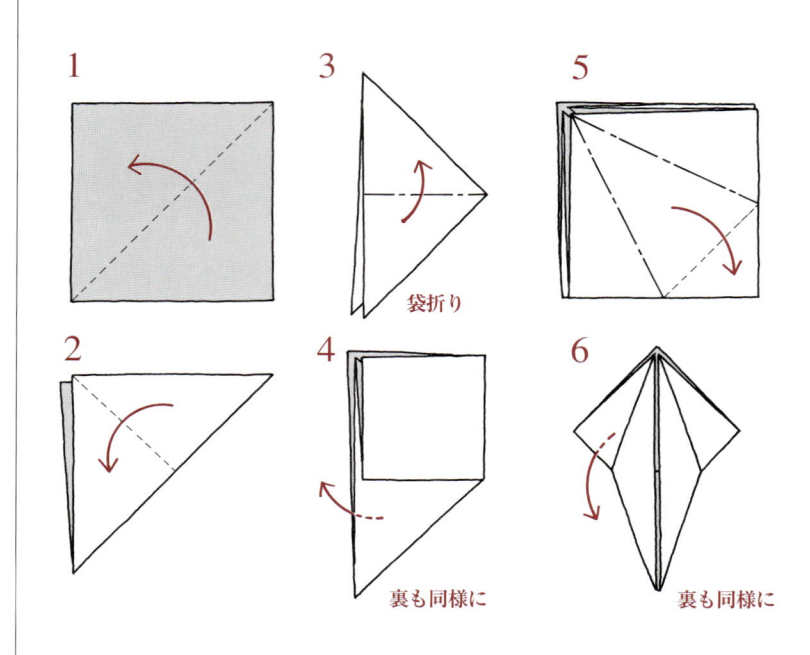

鶴折り　花中花

1

2

3
袋折り

4
裏も同様に

5

6
裏も同様に

90

9

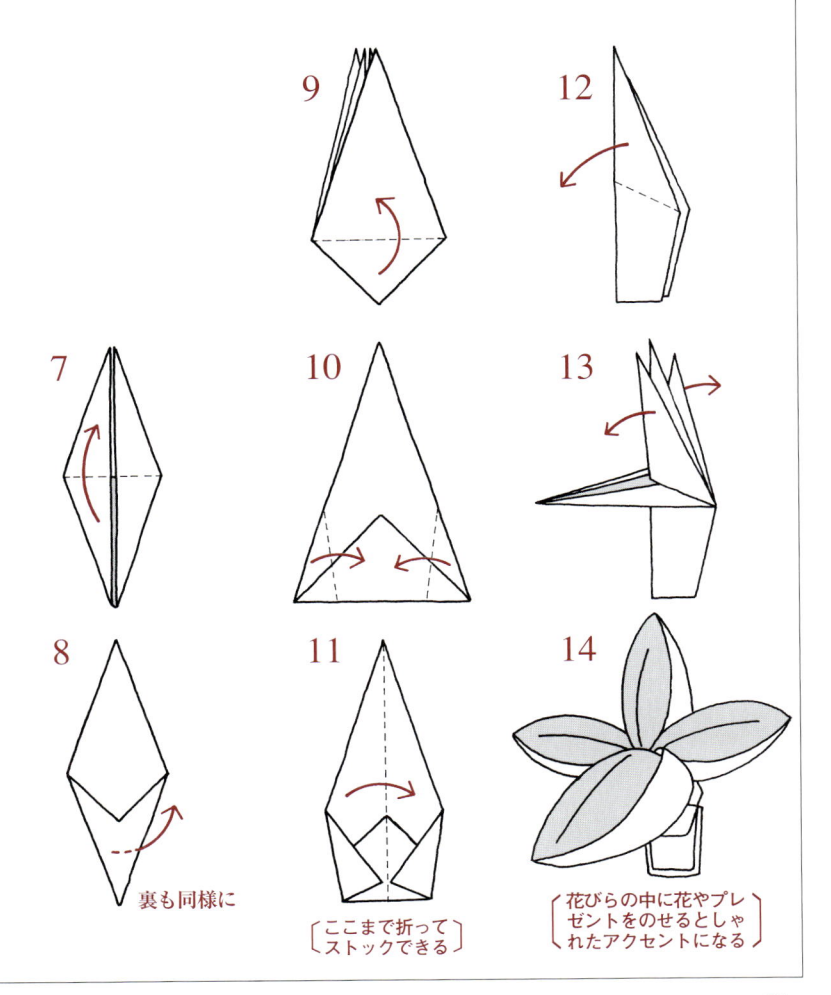

12

7

10

13

8
裏も同様に

11
〔ここまで折って
ストックできる〕

14
〔花びらの中に花やプレ
ゼントをのせるとしゃ
れたアクセントになる〕

翔 鶴

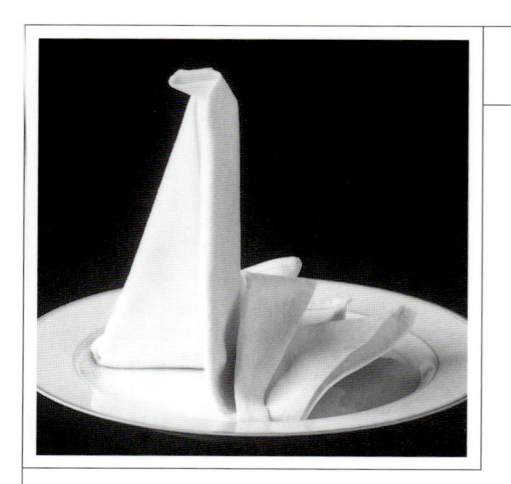

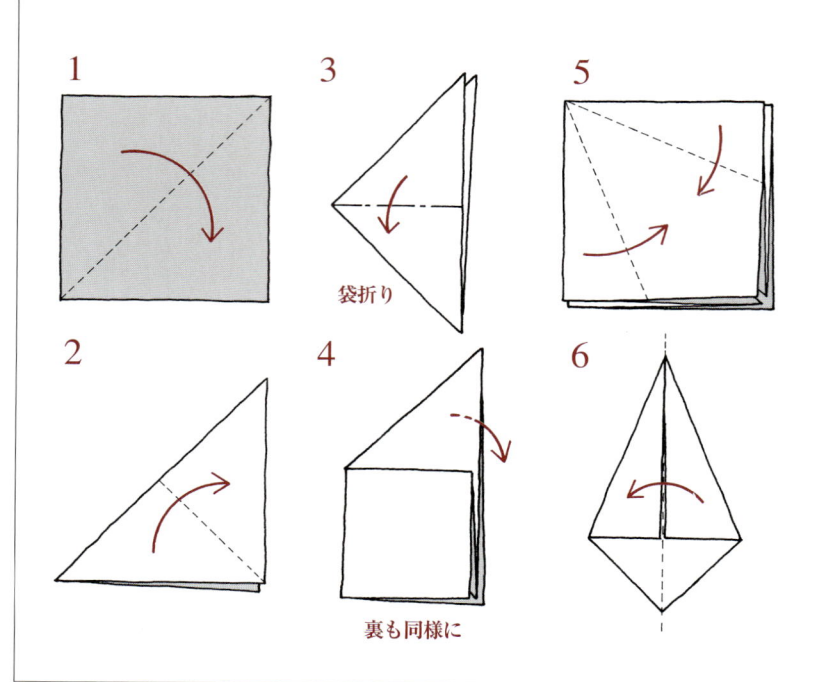

鶴折り　翔鶴

1

2

3

袋折り

4

裏も同様に

5

6

92

7

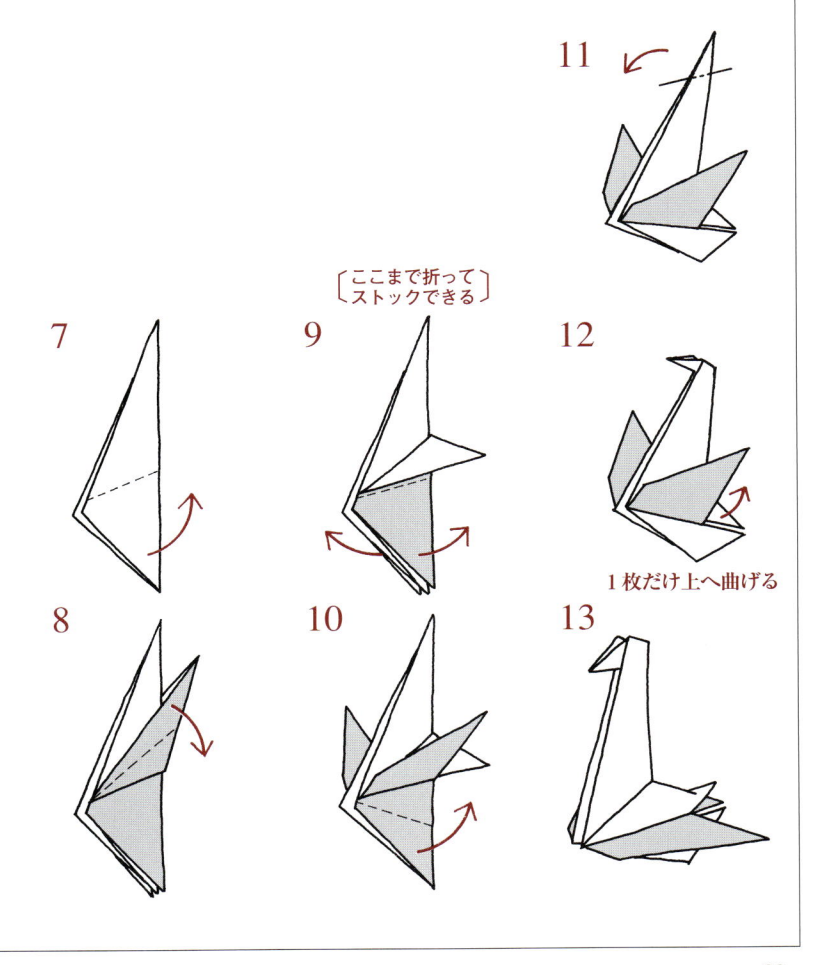

8

9
〔ここまで折って
ストックできる〕

10

11

12
1枚だけ上へ曲げる

13

のし鶴

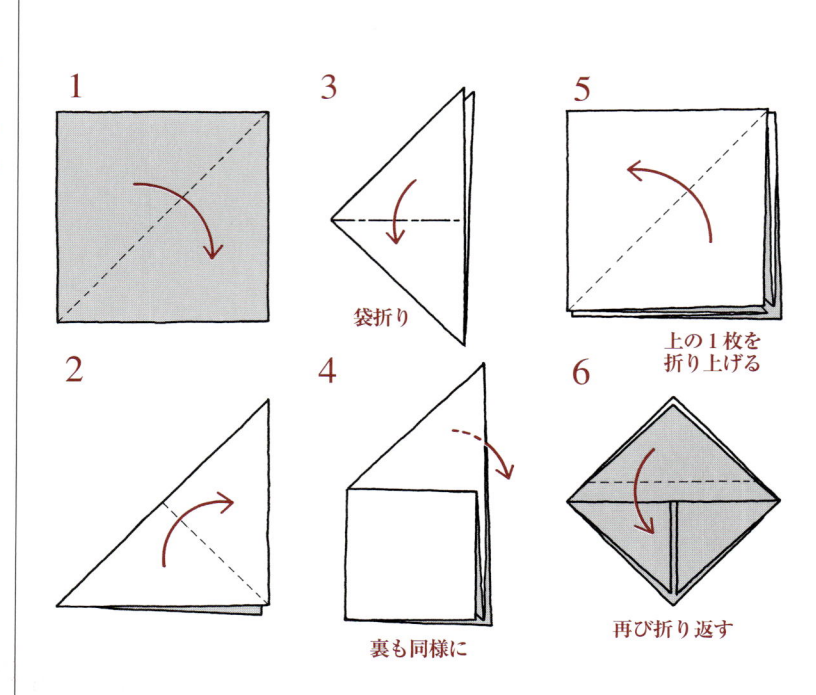

鶴折り のし鶴

1

2

3
袋折り

4
裏も同様に

5
上の1枚を
折り上げる

6
再び折り返す

11

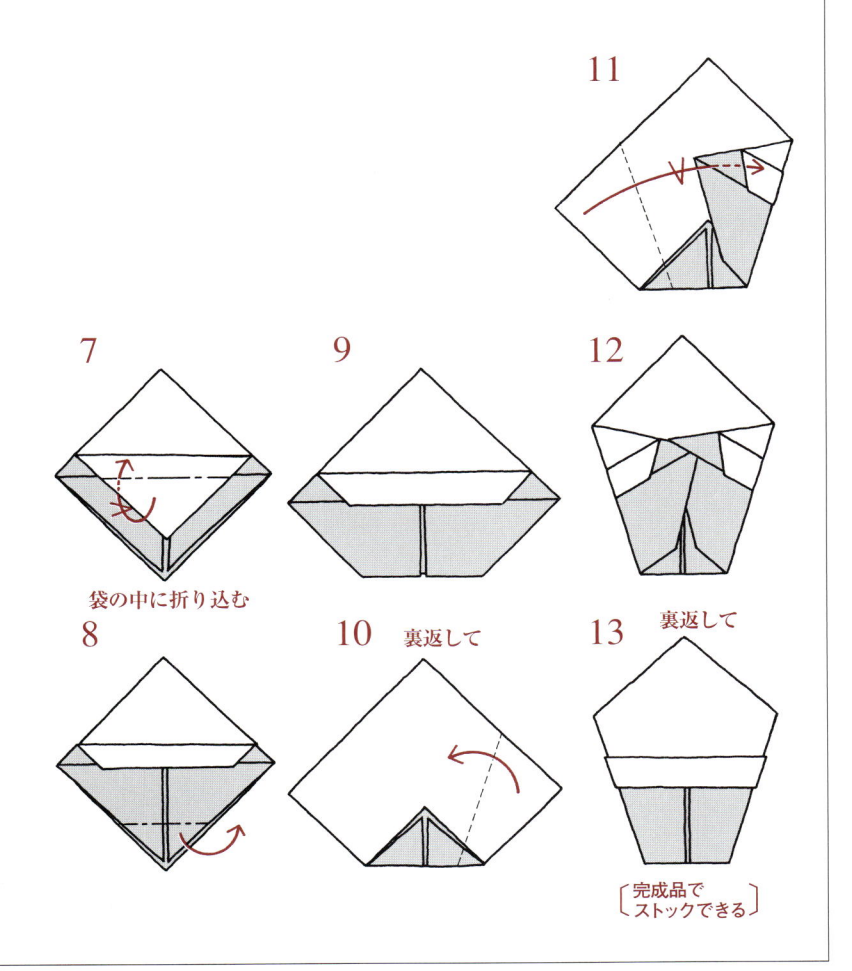

7

袋の中に折り込む

8

9

10 裏返して

12

13 裏返して

[完成品で
ストックできる]

舞鶴

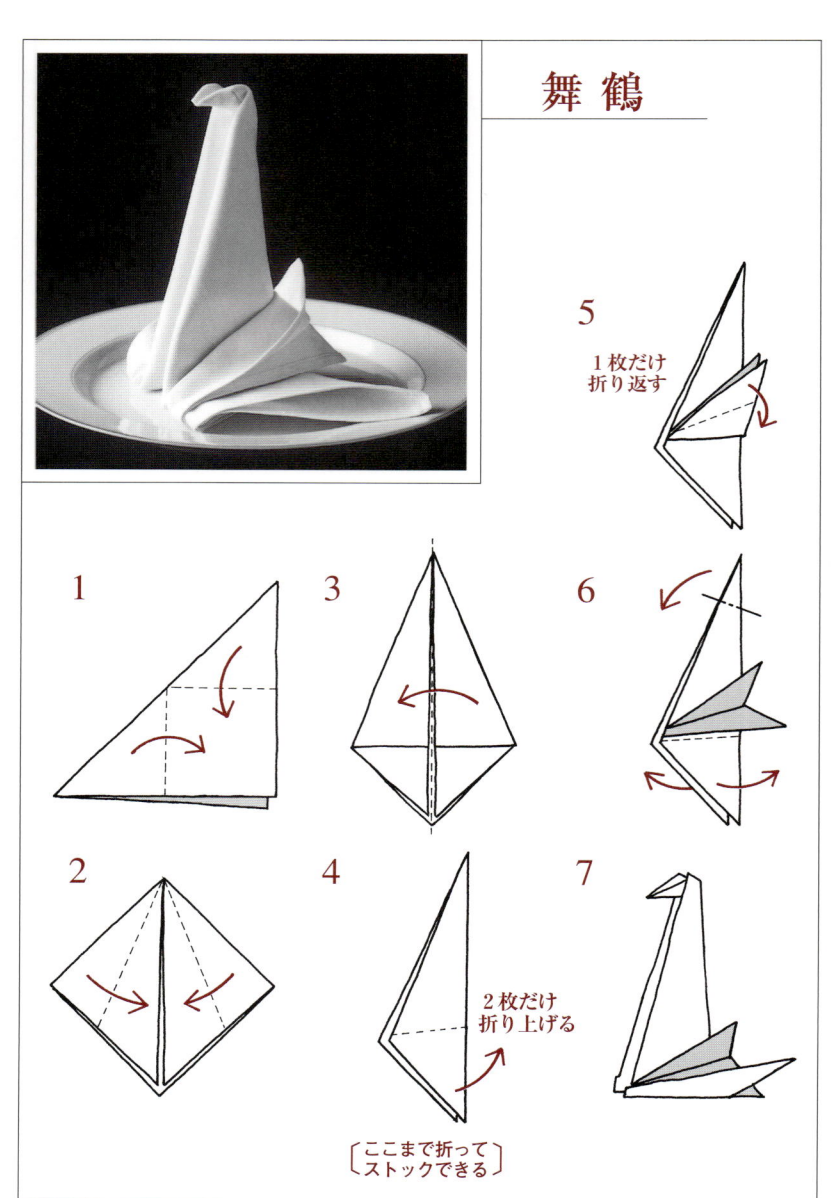

鶴折り 舞鶴

1

2

3

4

2枚だけ
折り上げる

〔ここまで折って
ストックできる〕

5

1枚だけ
折り返す

6

7

96

安らぐ鶴

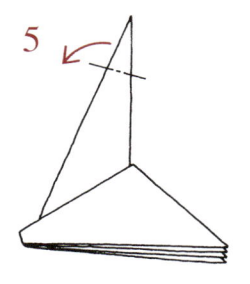

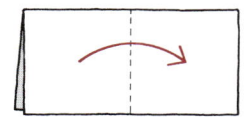

5

1

2

3

4

6

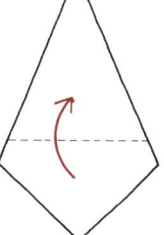

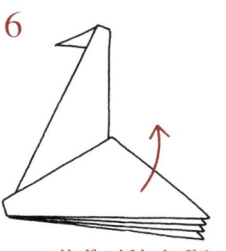

1枚ずつ折り上げる

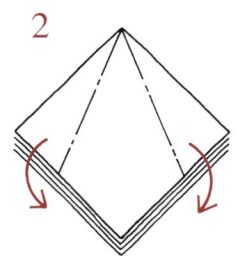

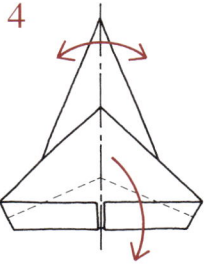

7

〔ここまで折って ストックできる〕

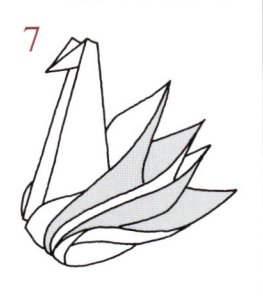

鶴折り　安らぐ鶴

長首鶴

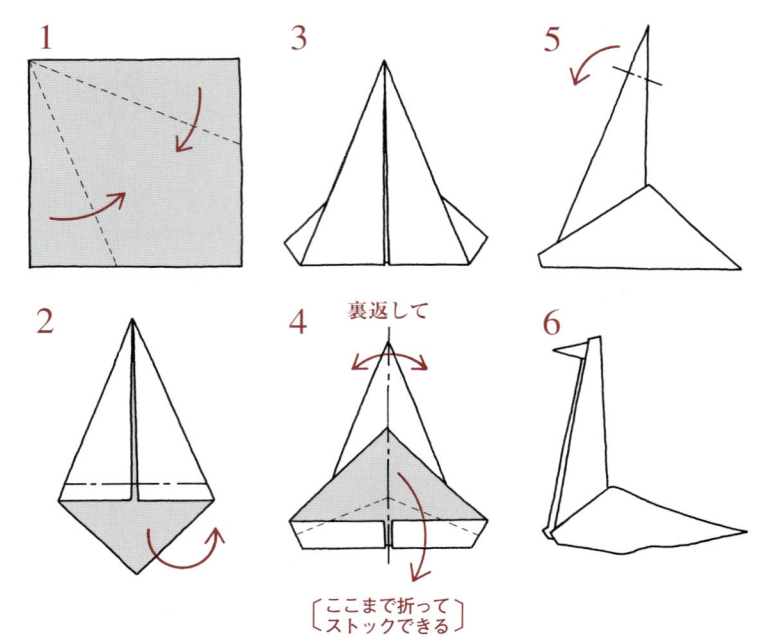

鶴折り　長首鶴

1

2

3

4　裏返して

[ここまで折って
ストックできる]

5

6

98

文人のペン

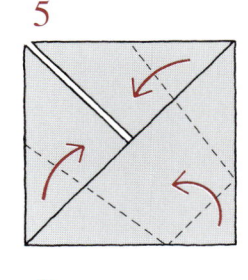

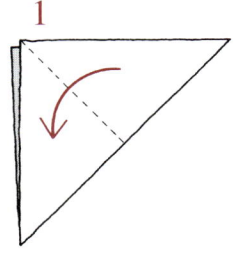

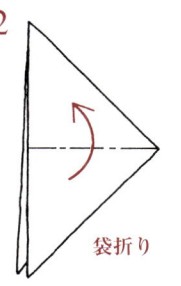

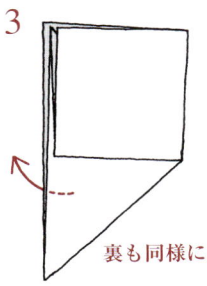

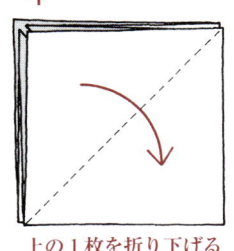

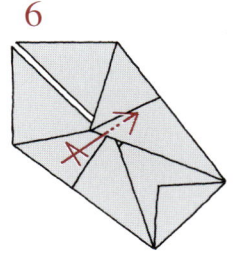

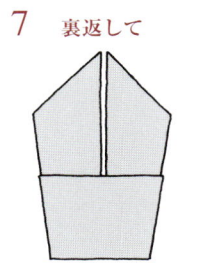

5

1

2 袋折り

3 裏も同様に

4 上の1枚を折り下げる
下の1枚も同様にする

6

7 裏返して

鶴折り　文人のペン

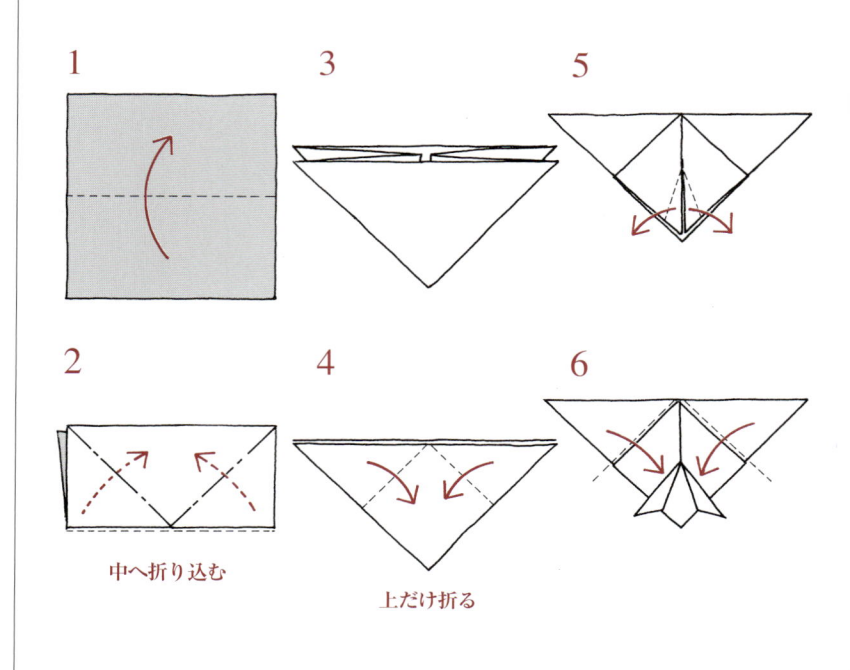

寿亀

亀折り　寿亀

1

2
中へ折り込む

3

4
上だけ折る

5

6

100

11 裏返して

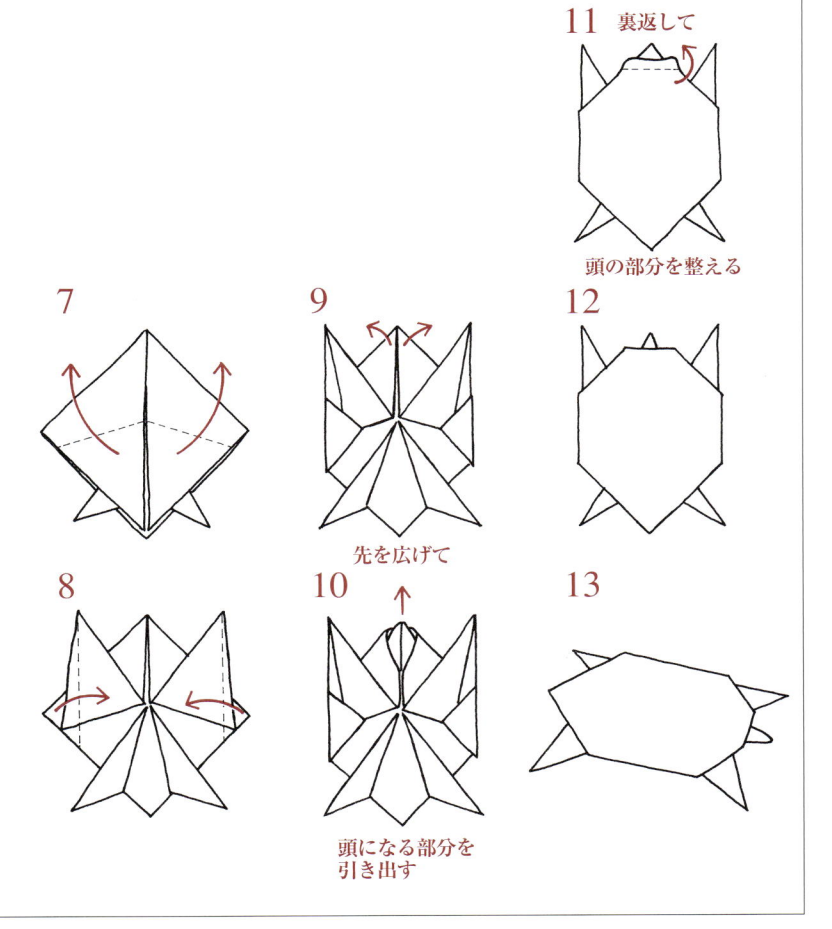

頭の部分を整える

7

9

先を広げて

12

8

10

頭になる部分を
引き出す

13

萬年亀

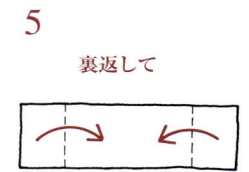

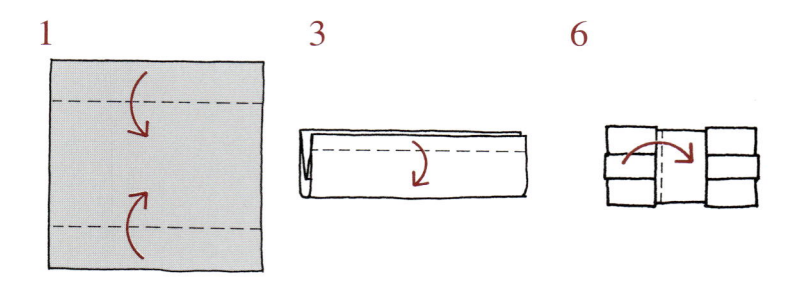

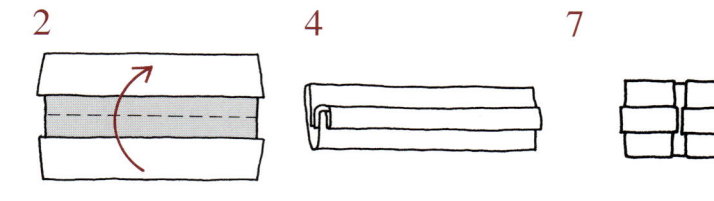

5

裏返して

亀折り　萬年亀

1

2

3

4

6

7

102

8

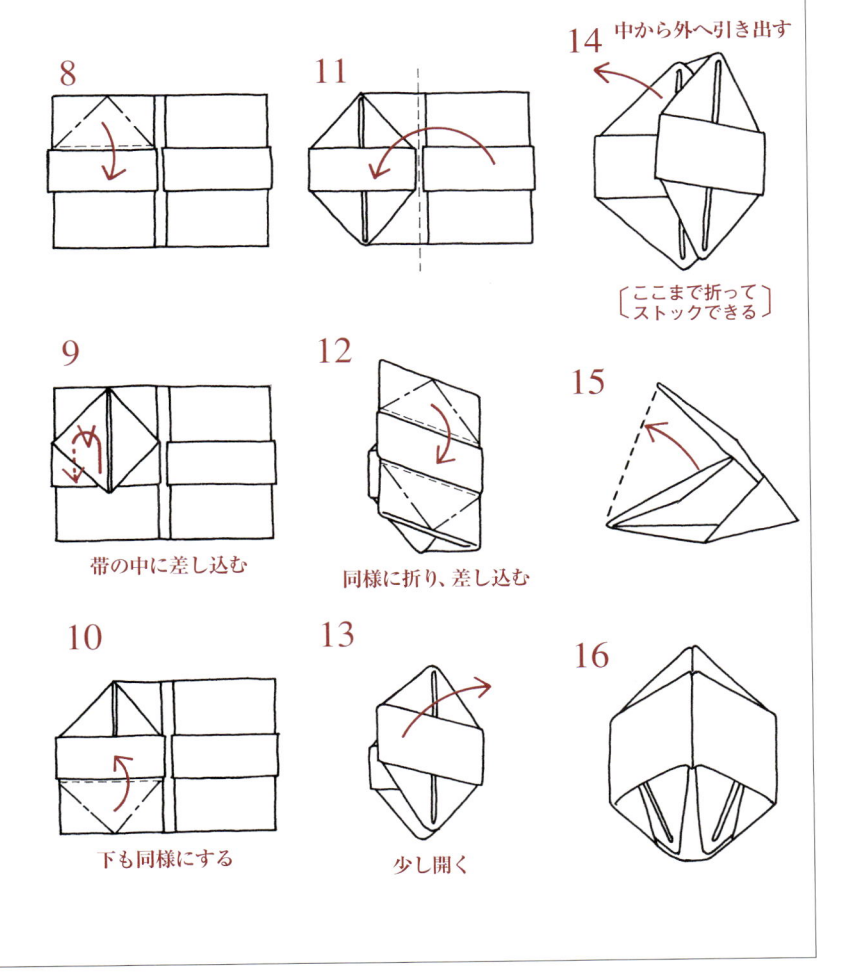

11

14 中から外へ引き出す

〔ここまで折って
ストックできる〕

9

帯の中に差し込む

12

同様に折り、差し込む

15

10

下も同様にする

13

少し開く

16

鳳尾亀

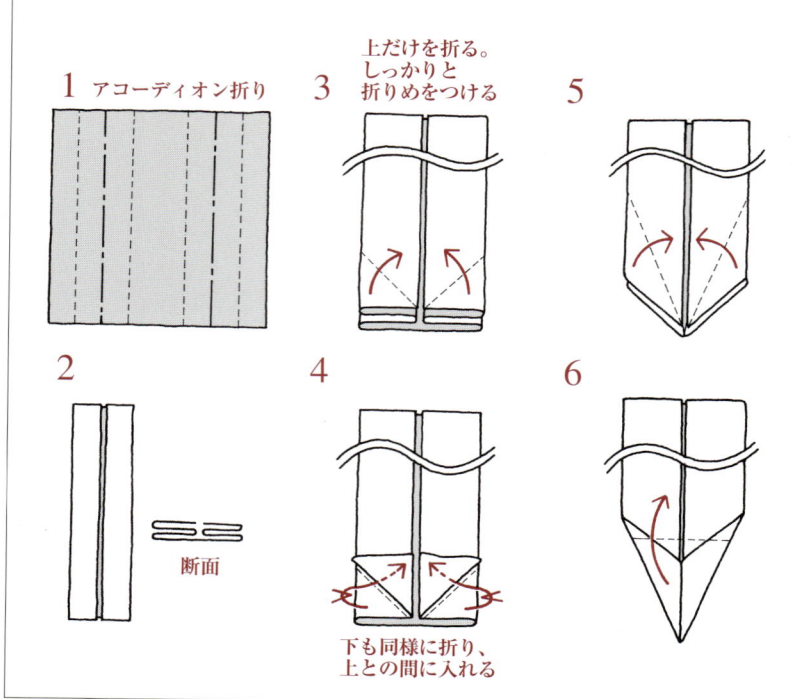

亀折り　鳳尾亀

1　アコーディオン折り

2　断面

3　上だけを折る。しっかりと折りめをつける

4　下も同様に折り、上との間に入れる

5

6

7

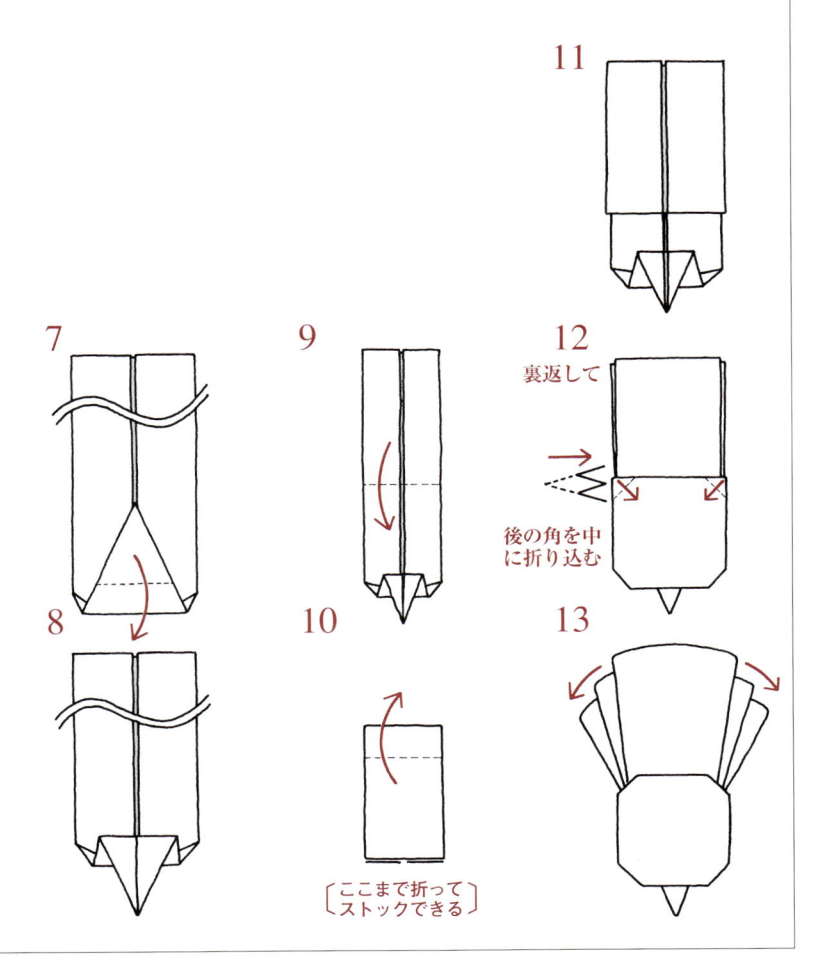

8

9

10

[ここまで折って
ストックできる]

11

12
裏返して

後の角を中
に折り込む

13

スッポン

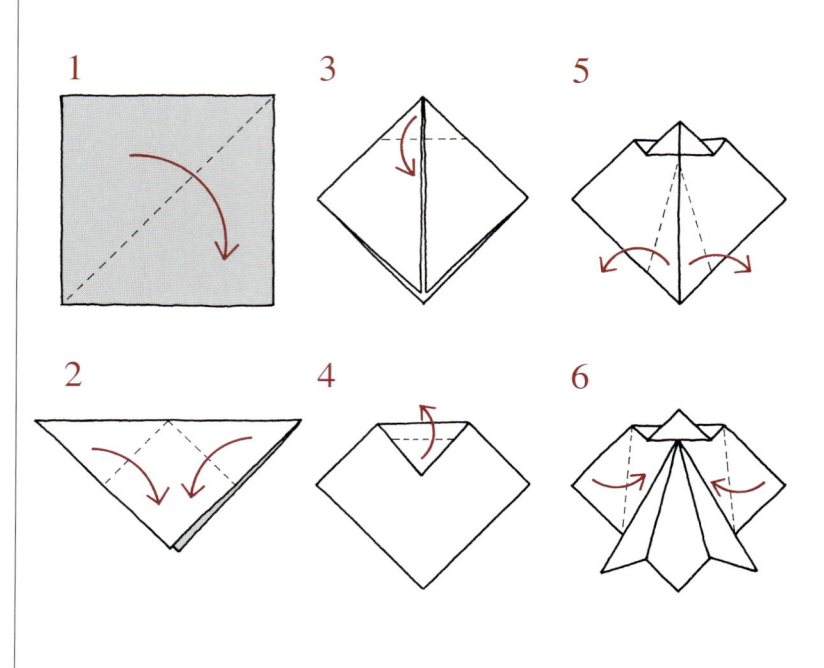

亀折り　スッポン

1
2
3
4
5
6

106

11

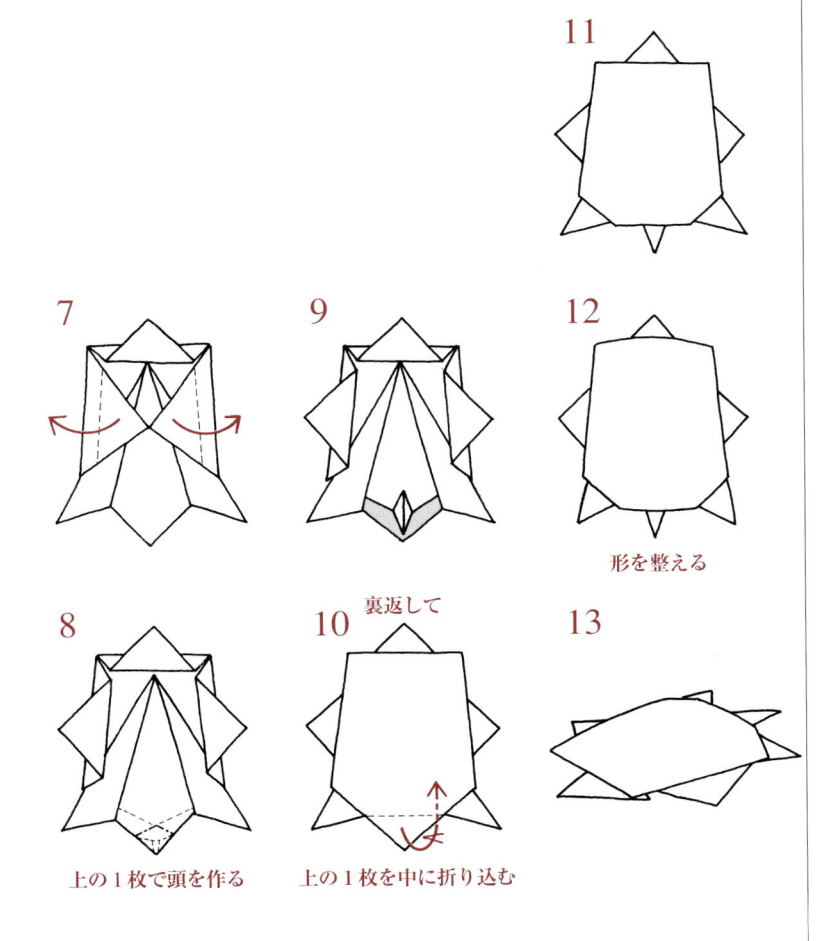

7

9

12

形を整える

8

上の1枚で頭を作る

10 裏返して

上の1枚を中に折り込む

13

かぶと

かぶと折り　かぶと

5

1

2

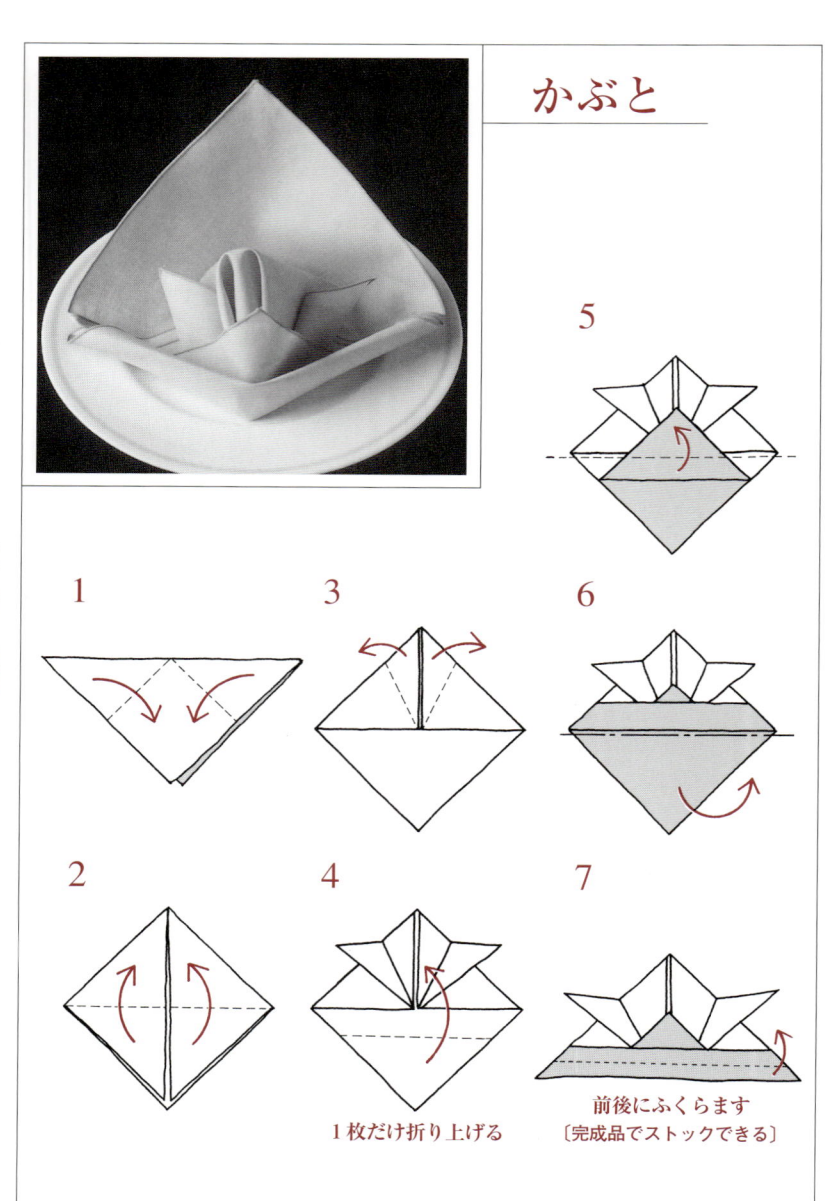

3

4　1枚だけ折り上げる

6

7　前後にふくらます
〔完成品でストックできる〕

108

長かぶと

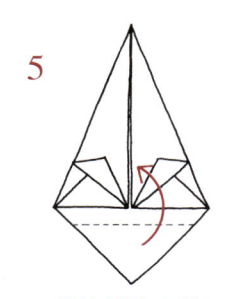

5

1枚だけ折り上げる

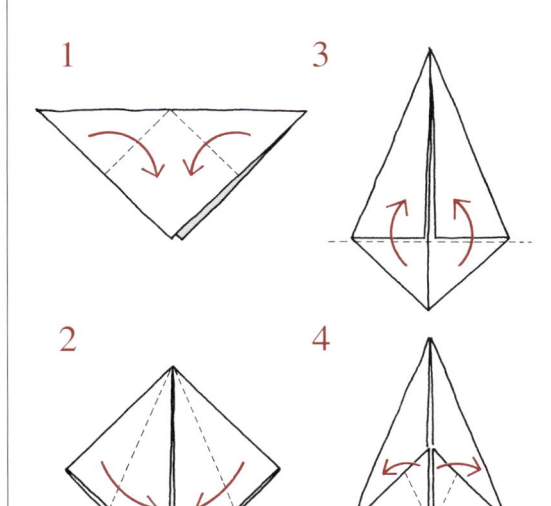

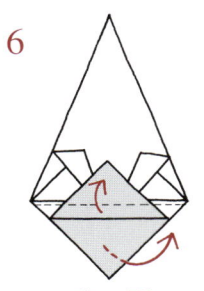

1

3

6

上の1枚は手前に、
下の1枚は後へ折る

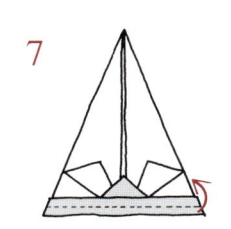

2

4

7

前後にふくらます
〔完成品でストックできる〕

かぶと折り　長かぶと

109

鯛

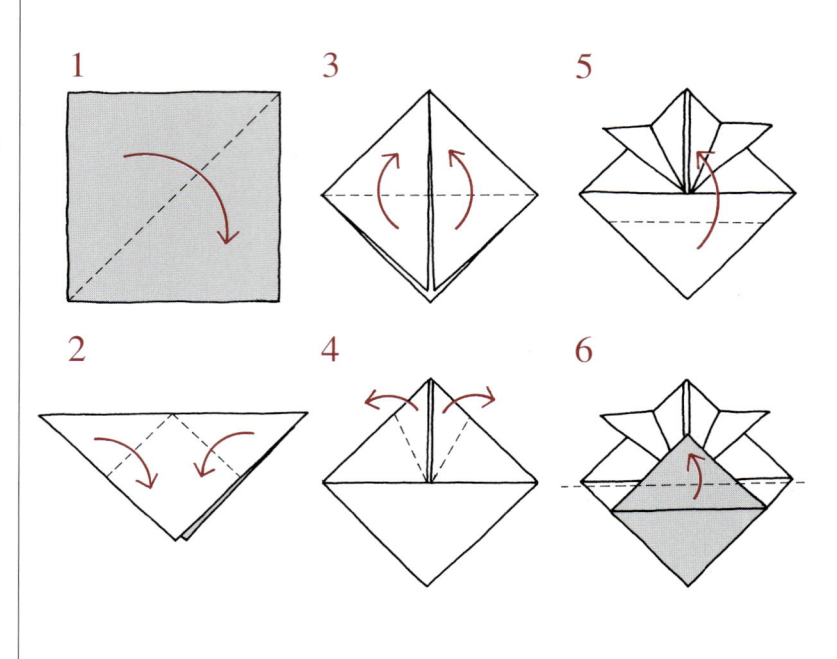

かぶと折り　鯛

1
2
3
4
5
6

110

11

7

9

12

8

前後に広げて、
折り方を変える

10

袋の中に折り込む

13

〔完成品で
ストックできる〕

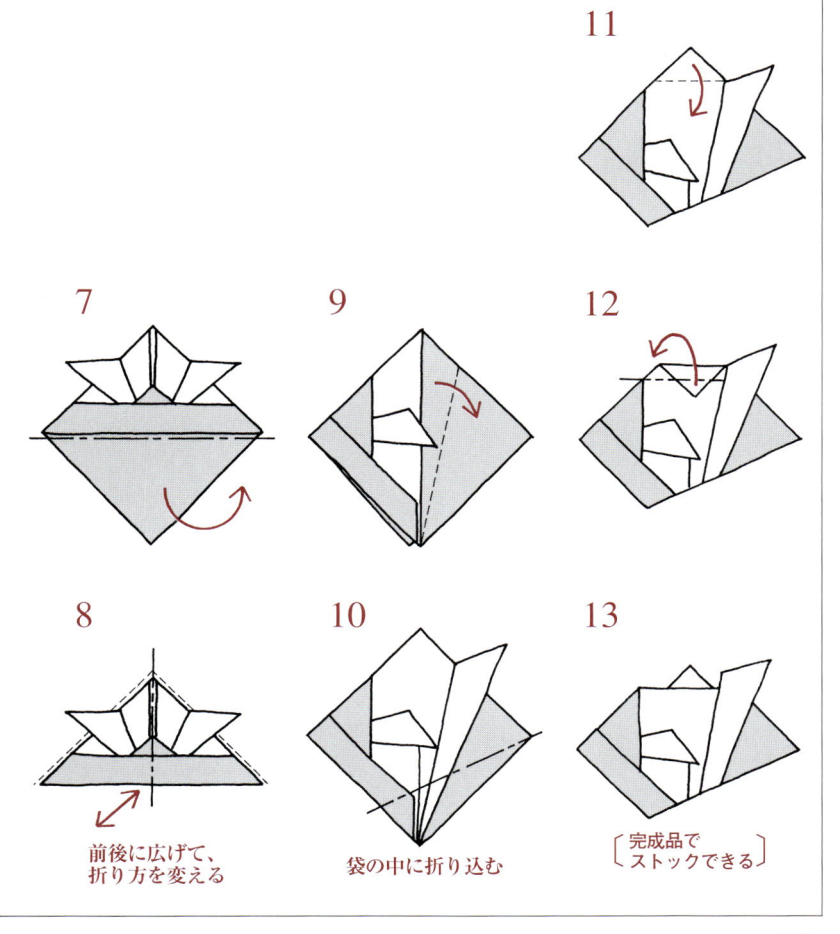

111

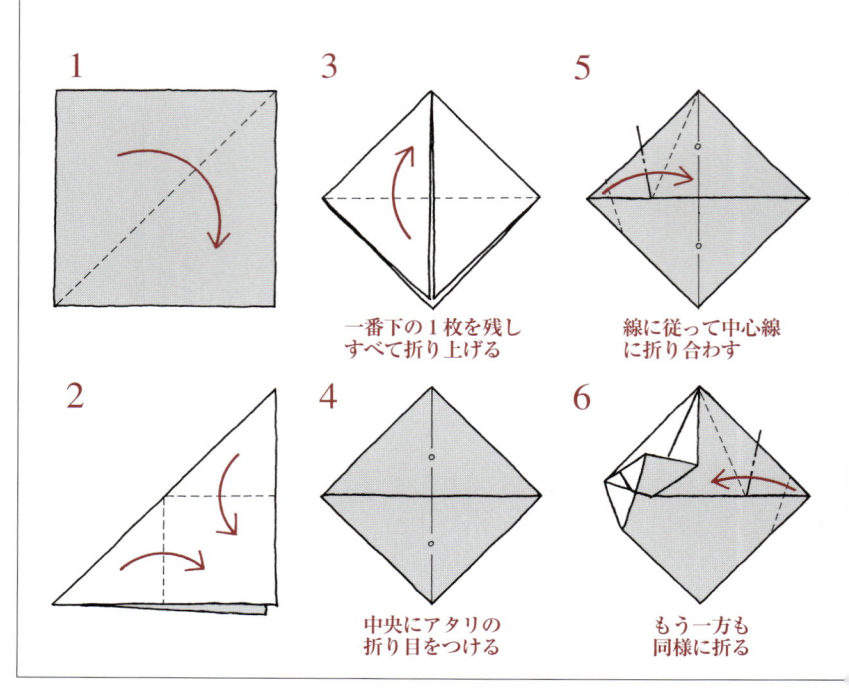

かぶと折り 金亀

金亀

1

2

3
一番下の1枚を残し
すべて折り上げる

4
中央にアタリの
折り目をつける

5
線に従って中心線
に折り合わす

6
もう一方も
同様に折る

11

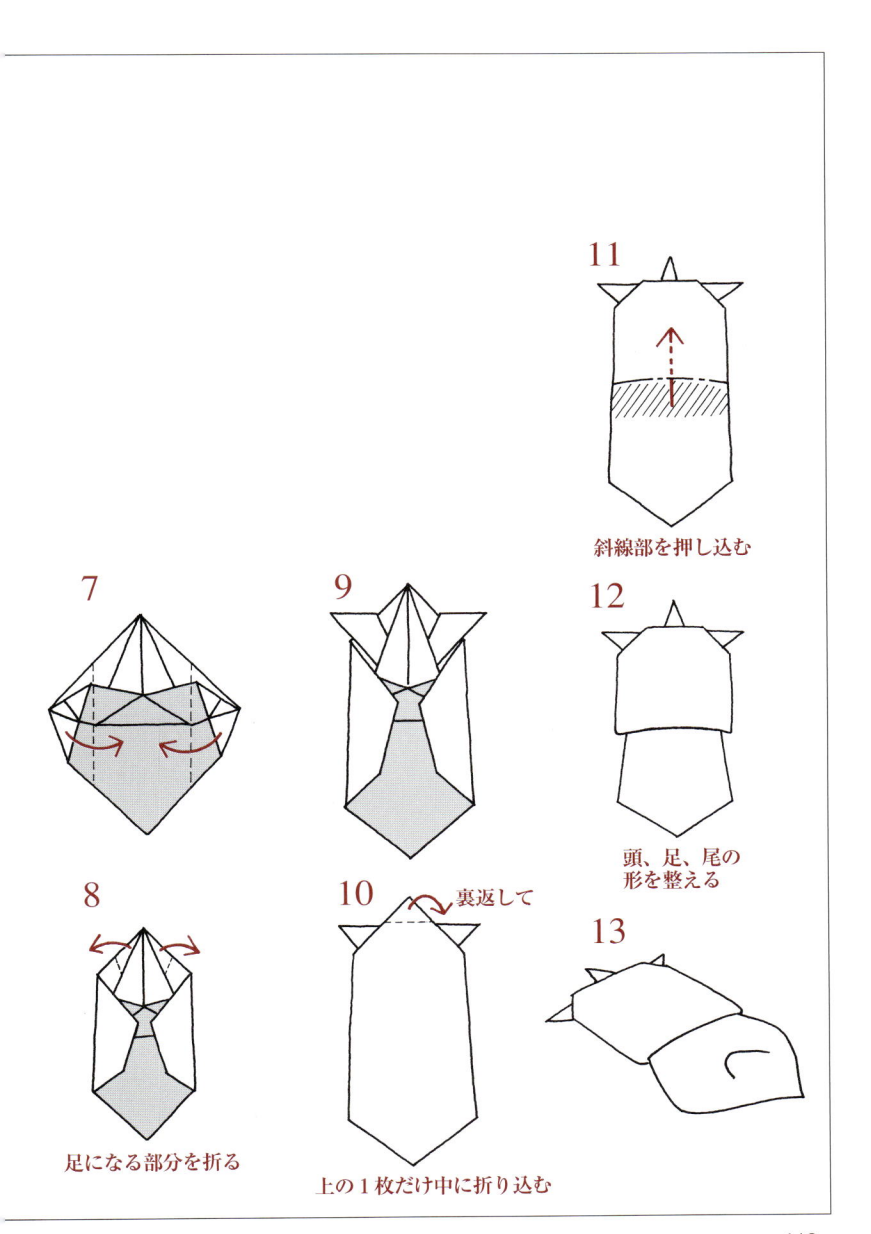

斜線部を押し込む

7

9

12

頭、足、尾の
形を整える

8

足になる部分を折る

10 裏返して

上の1枚だけ中に折り込む

13

113

ヨット

ヨット折り　ヨット

1

2

3

4

5

6

袋の中から
外へ折り出す

〔ここまで折って
　ストックできる〕

7

帆を引き出す

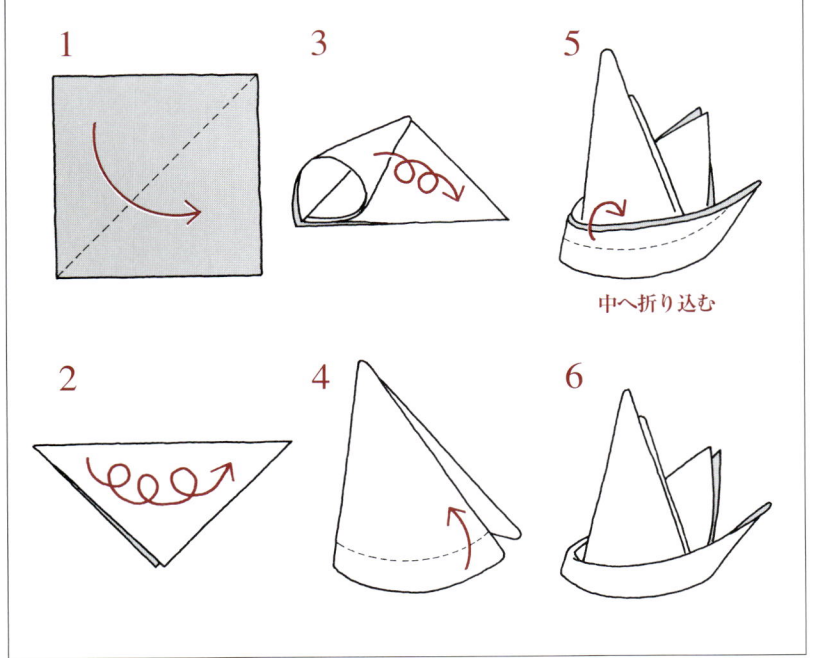

ピーターパンの帽子

1

2

3

4

5

中へ折り込む

6

ヨット折り　ピーターパンの帽子

タワー

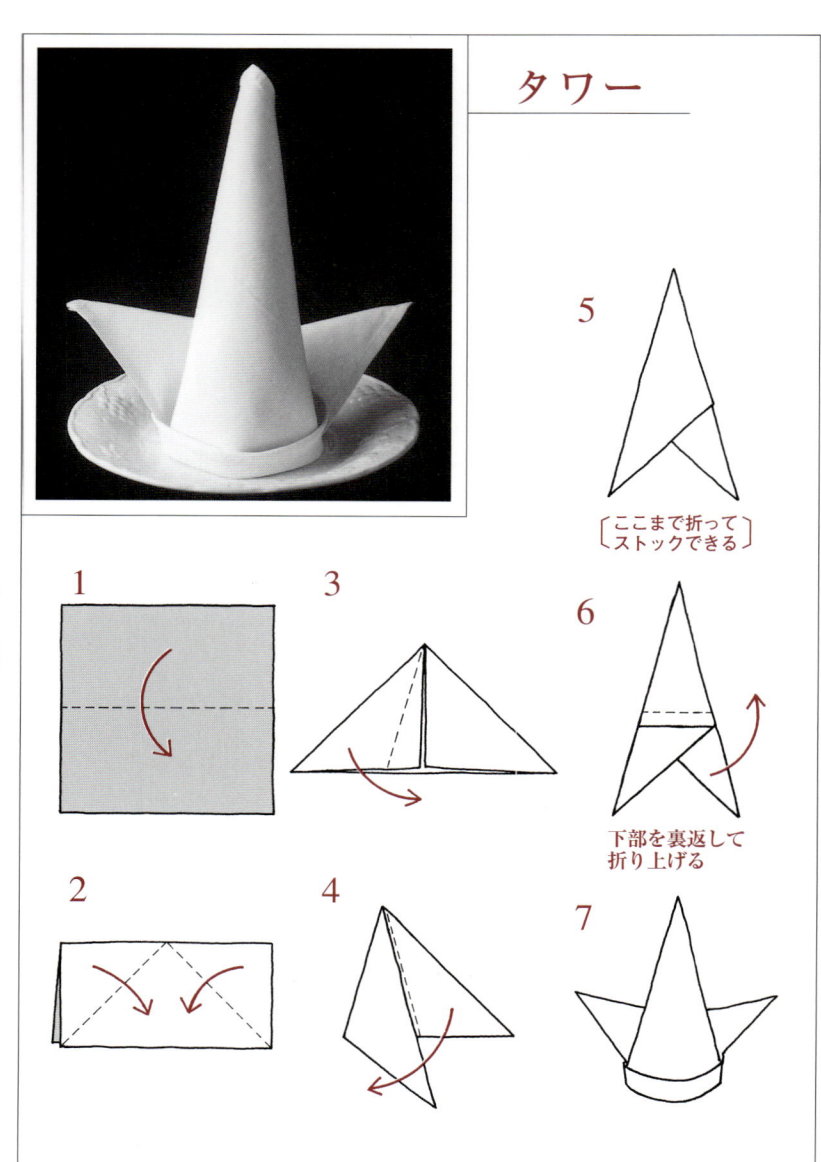

タワー折り　タワー

1

2

3

4

5

〔ここまで折って〕
〔ストックできる〕

6

下部を裏返して
折り上げる

7

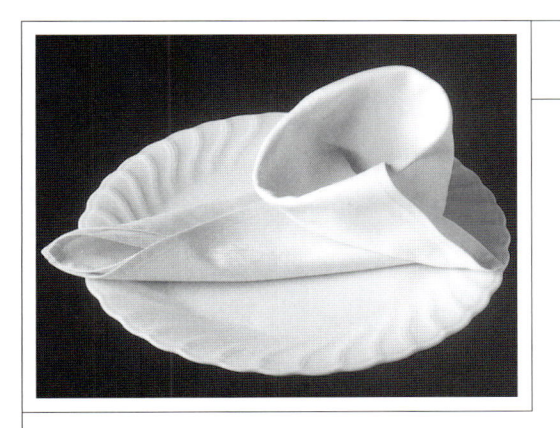

ブーツ

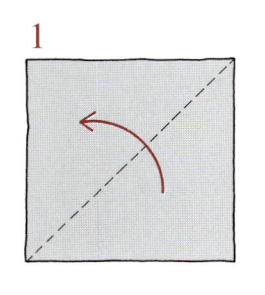

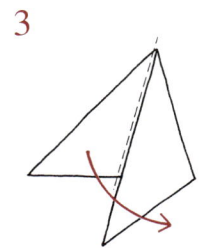

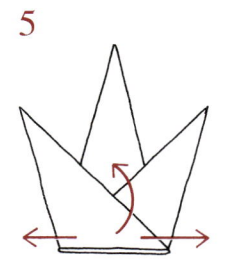

1

2

3

4

〔ここまで折って〕
〔ストックできる　〕

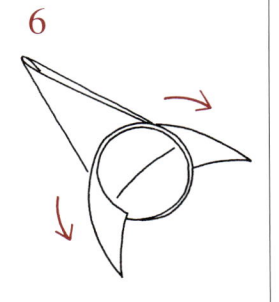

5

底の輪になった部分を
持ち上げながら、開く

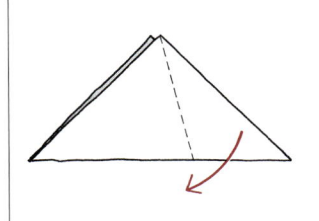

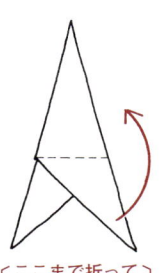

6

タワー折り　ブーツ

117

ペンタ

山折り ペンタ

1
2
3
4
5
6
7 裏返して

[完成品でストックできる]

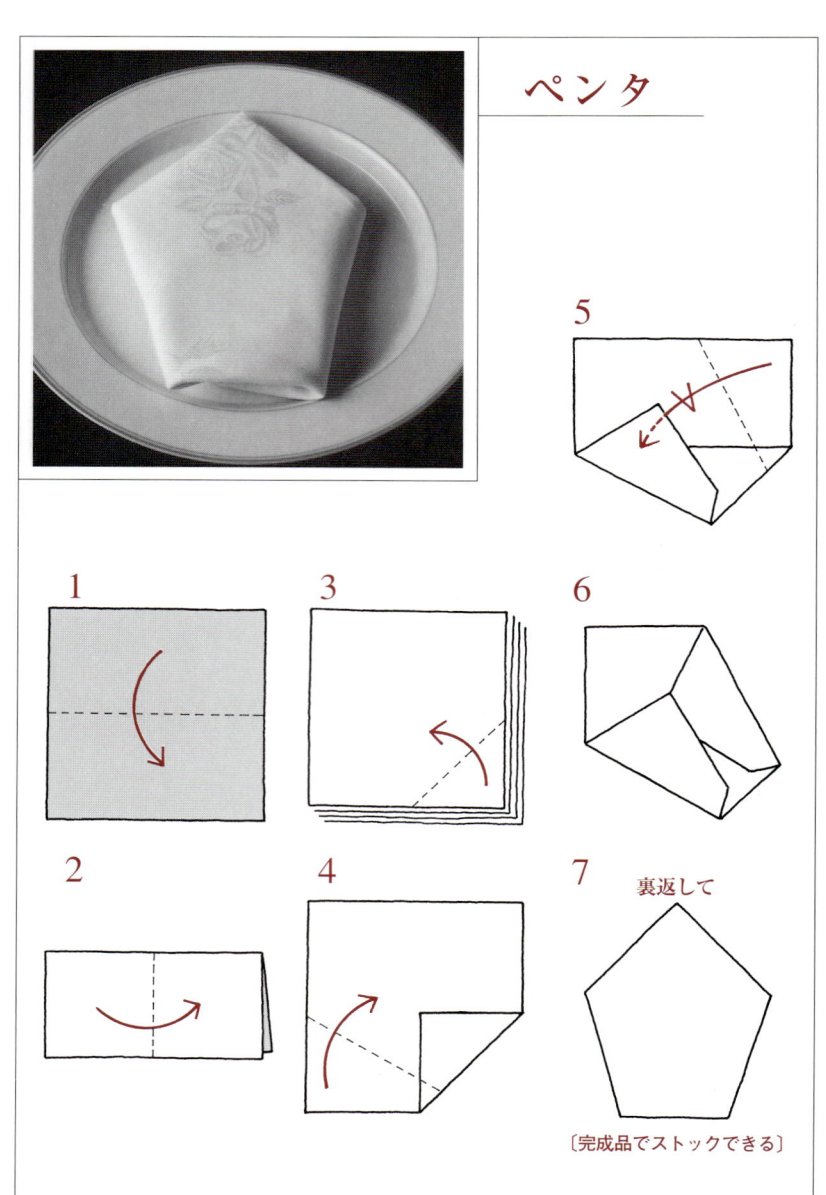

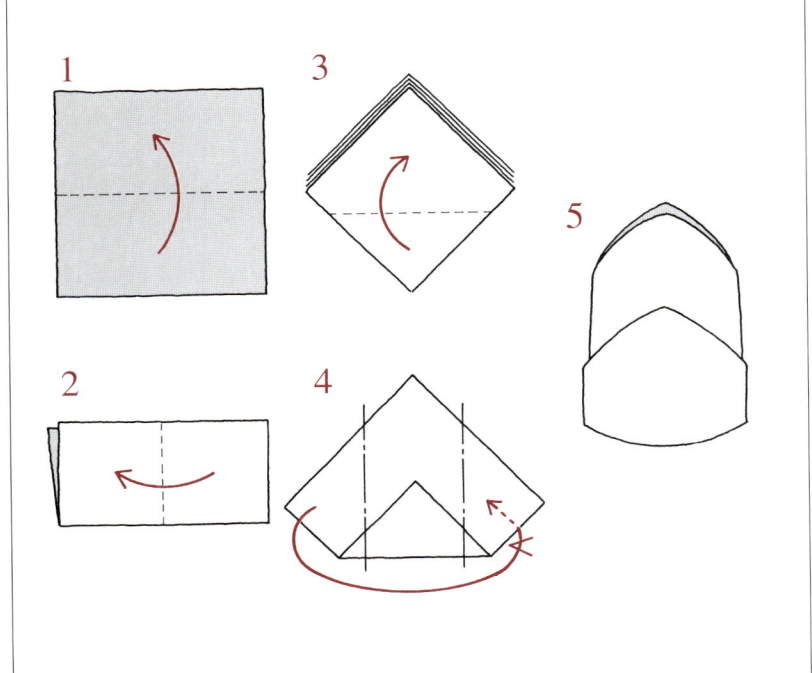

幼竹

1
2
3
4
5

山折り　幼竹

美峰

山折り　美峰

1
2
3
4
5
6

〔ここまで折って
ストックできる〕

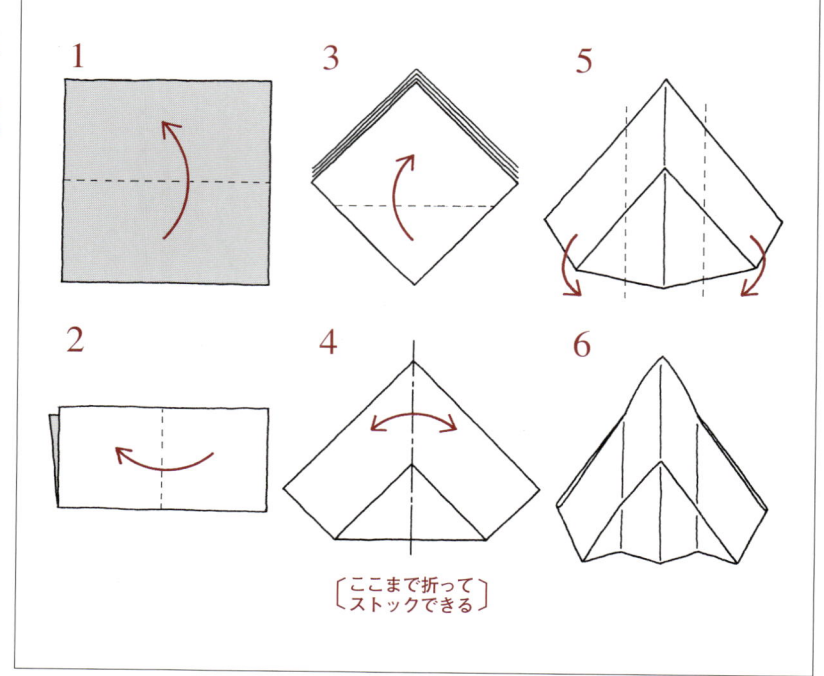

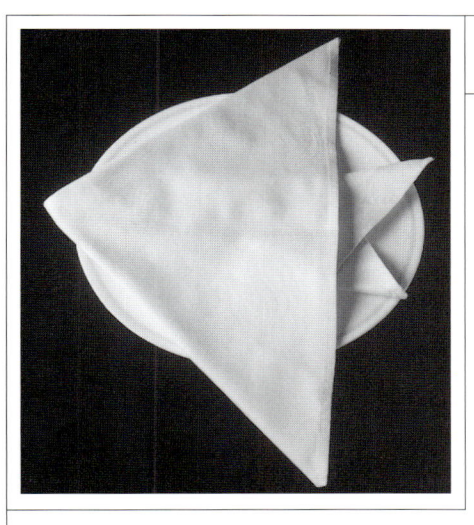

まながつお

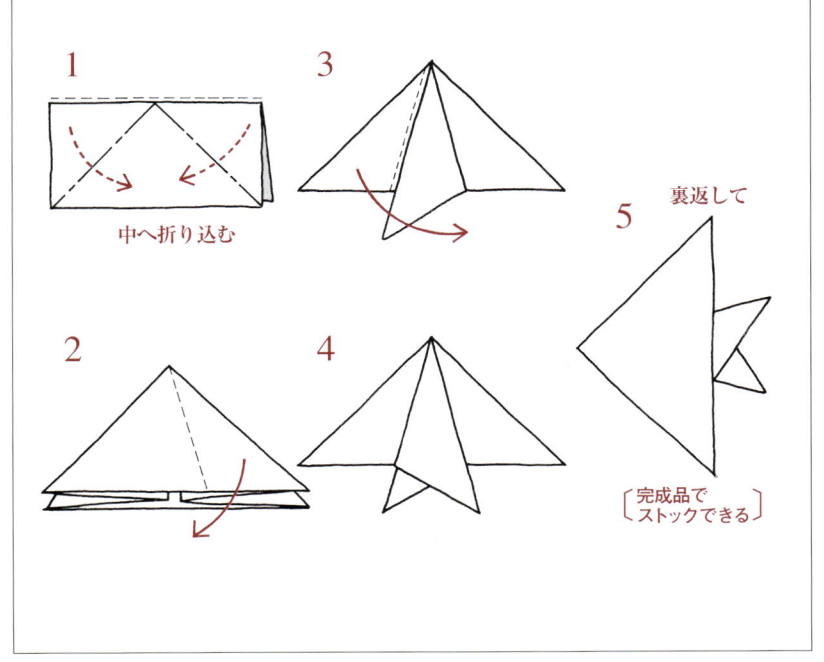

1

中へ折り込む

2

3

4

5 裏返して

〔完成品で
ストックできる〕

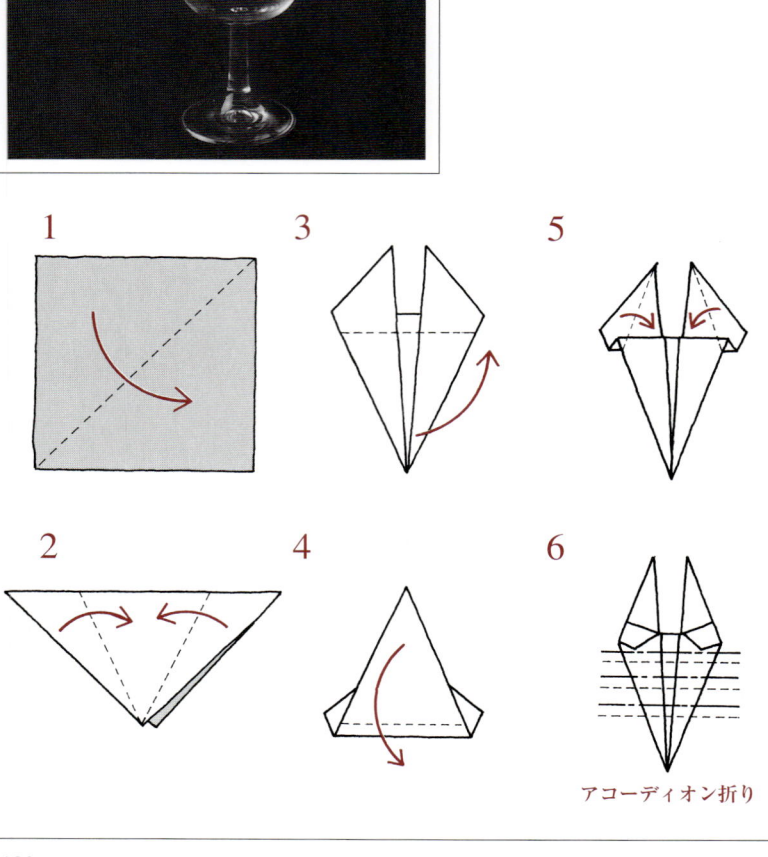

伊勢海老／夫婦鳥

伊勢海老／夫婦鳥

1

2

3

4

5

6

アコーディオン折り

11 手順8から
頭を作る

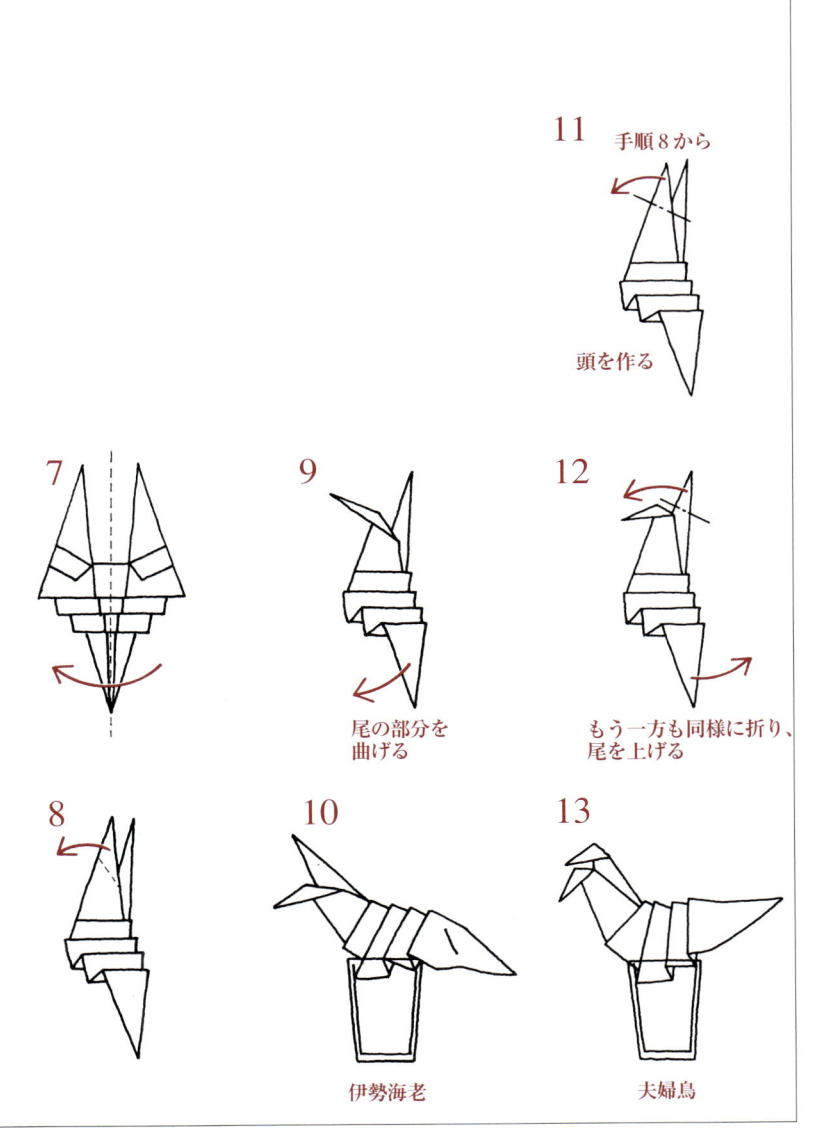

7

9
尾の部分を
曲げる

12
もう一方も同様に折り、
尾を上げる

8

10
伊勢海老

13
夫婦鳥

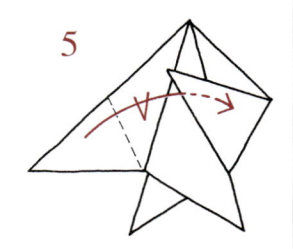

真鯛

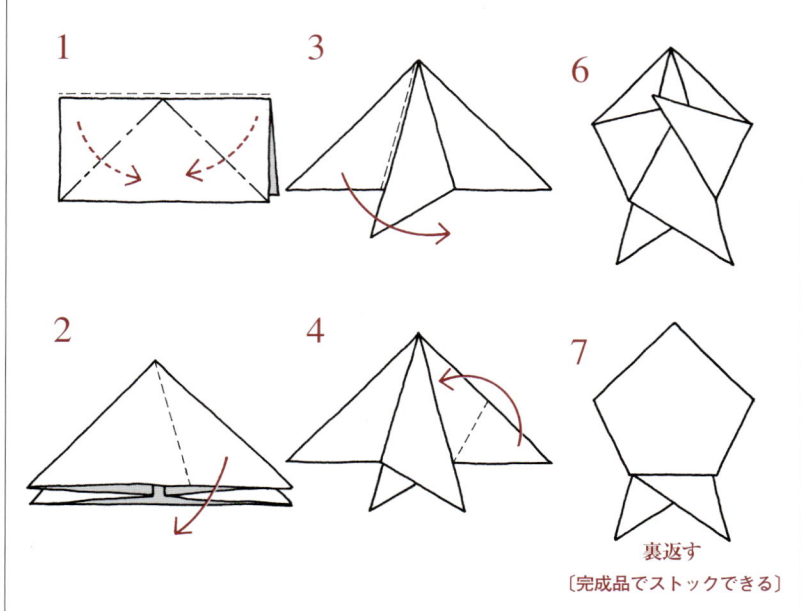

真鯛

1
2
3
4
5
6
7

裏返す
〔完成品でストックできる〕

イカのひれ

5

1

2

3

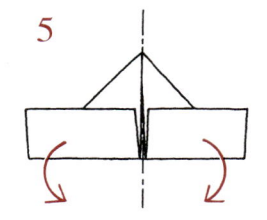

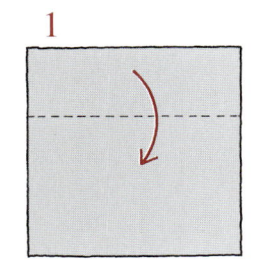

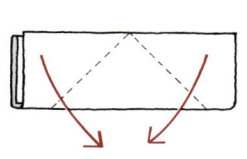

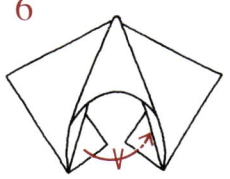

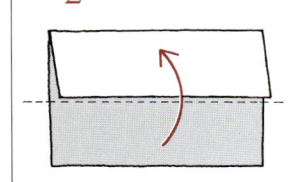

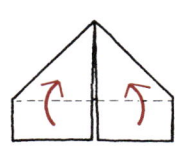

4
〔ここまで折って
ストックできる〕

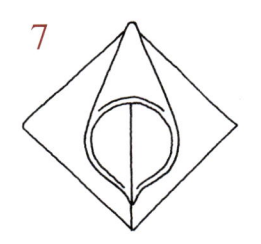

6

7

イカのひれ

ウサギA

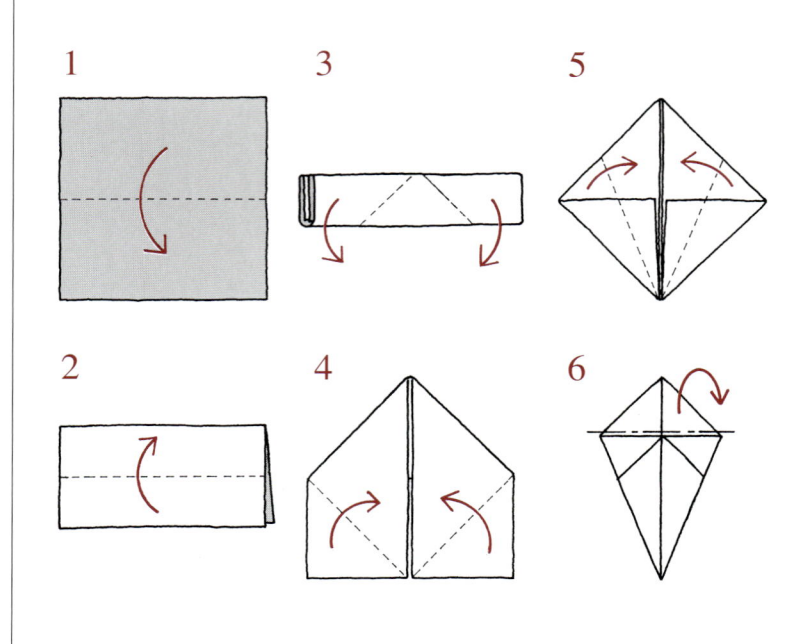

1
2
3
4
5
6

7

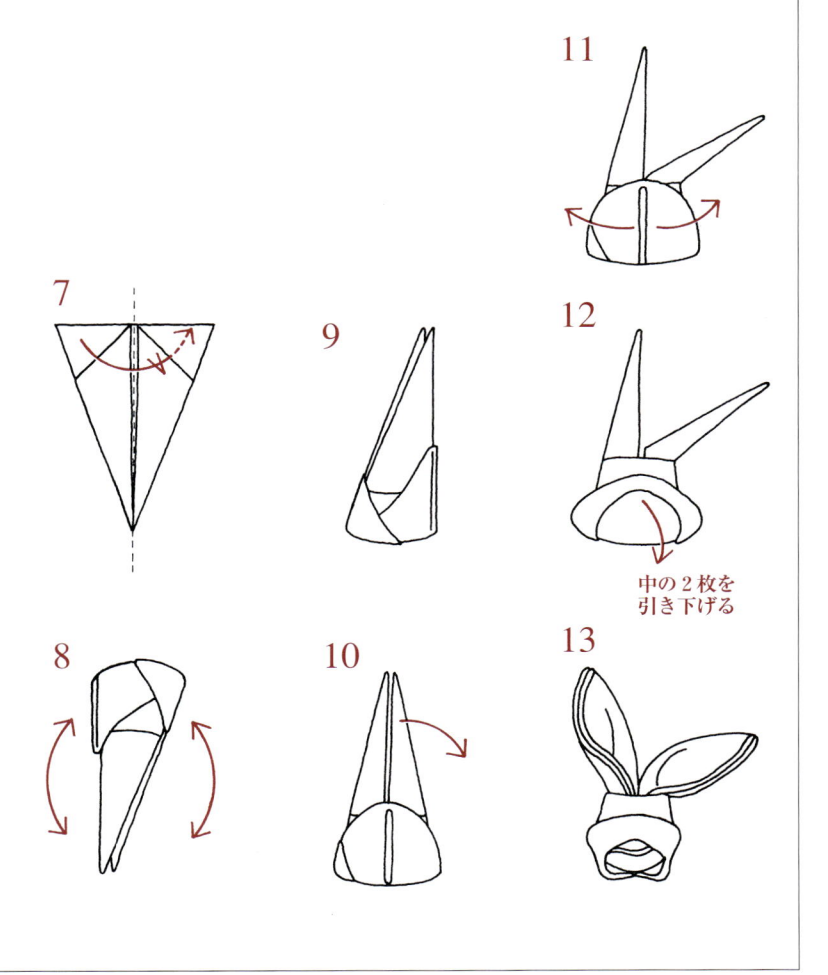

8

9

10

11

12

中の2枚を
引き下げる

13

ウサギB

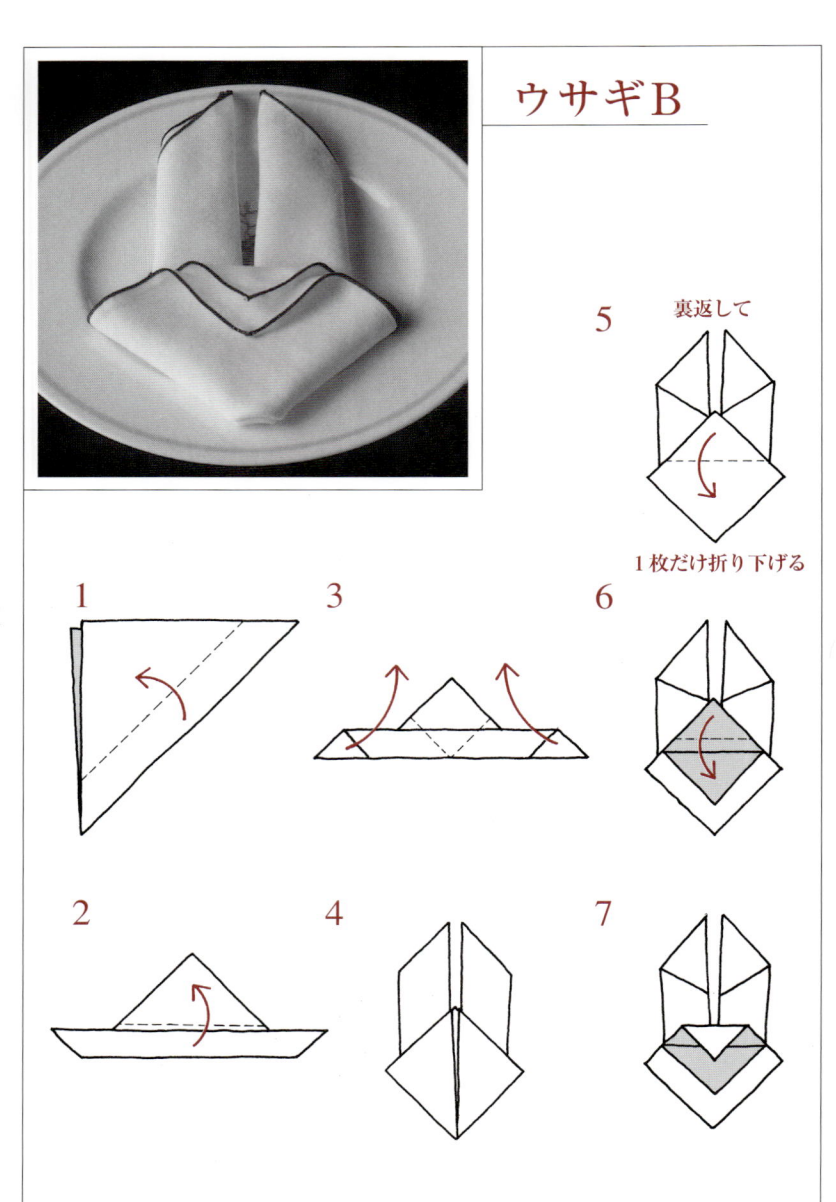

5 裏返して

1枚だけ折り下げる

6

7

1

2

3

4

カエル

1

2 上の1枚のみ折る

3

4

5

6

7 裏返す
〔完成品でストックできる〕

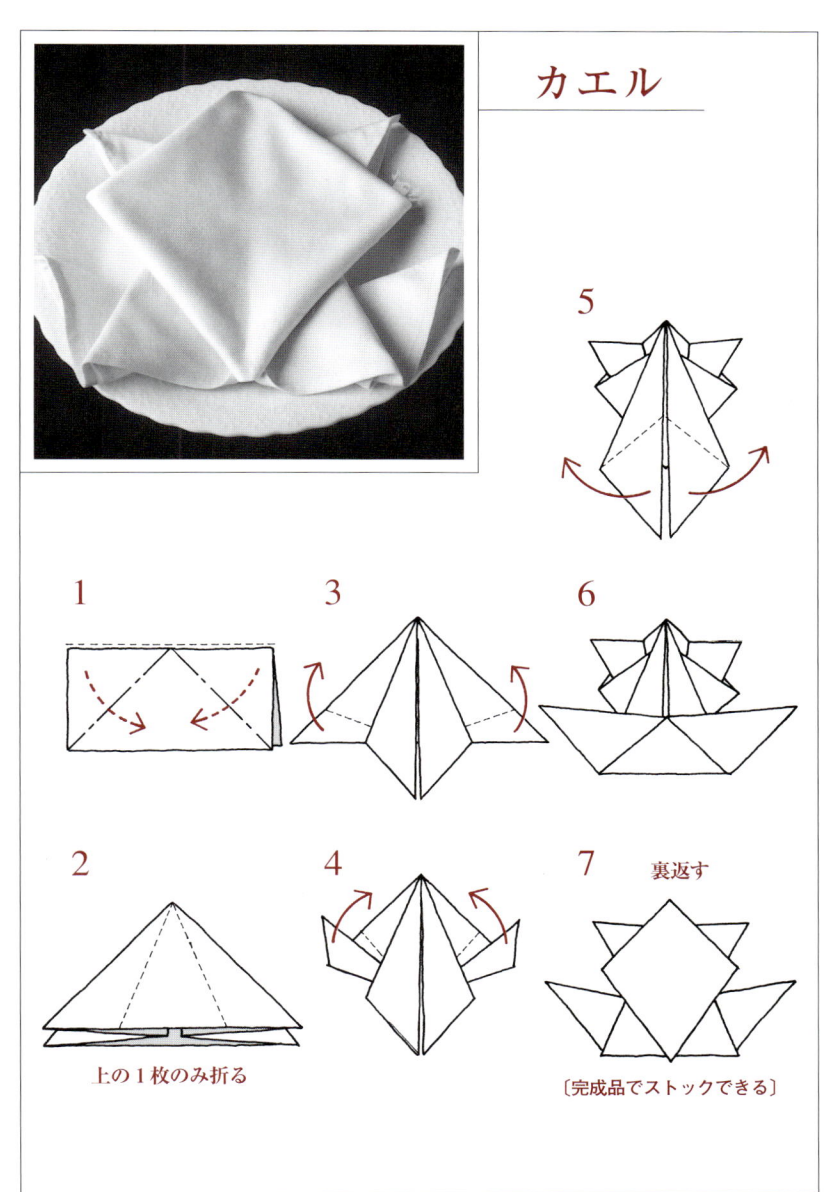

牛の顔

牛の顔

1

2

3

4

5

6 裏返す

〔完成品でストックできる〕

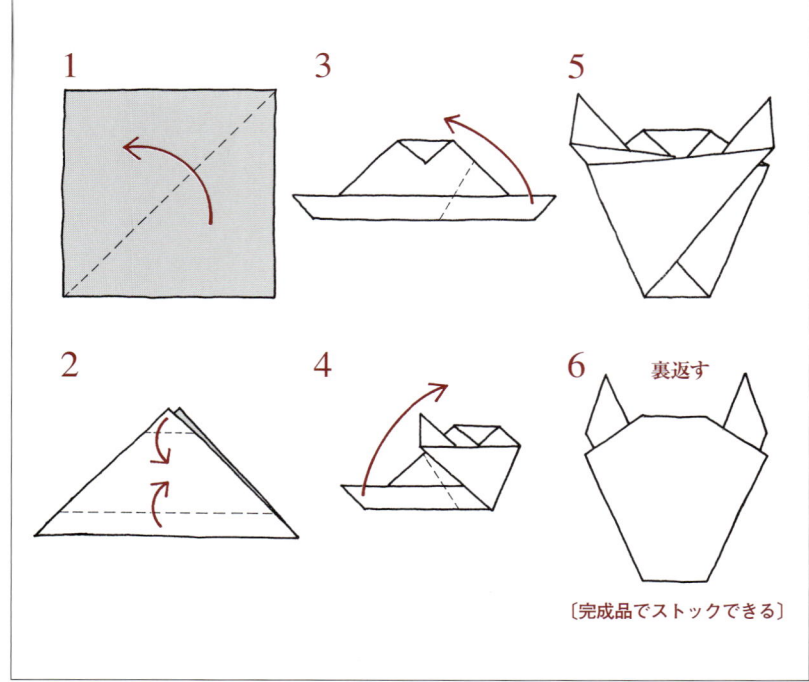

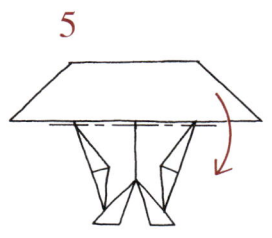

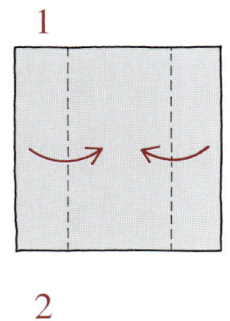

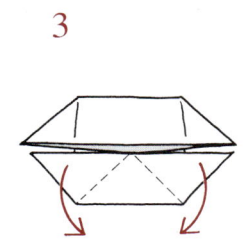

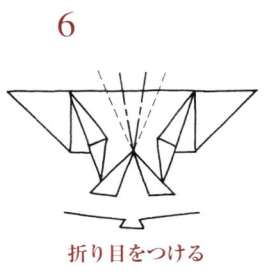

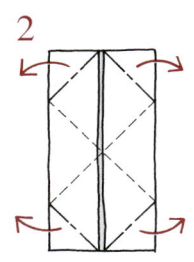

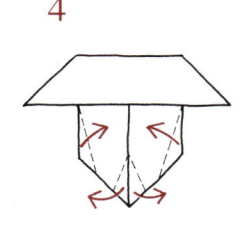

蝶々

5

6

折り目をつける

1

2

3

4

7

鳩

鳩

5

1

2

3

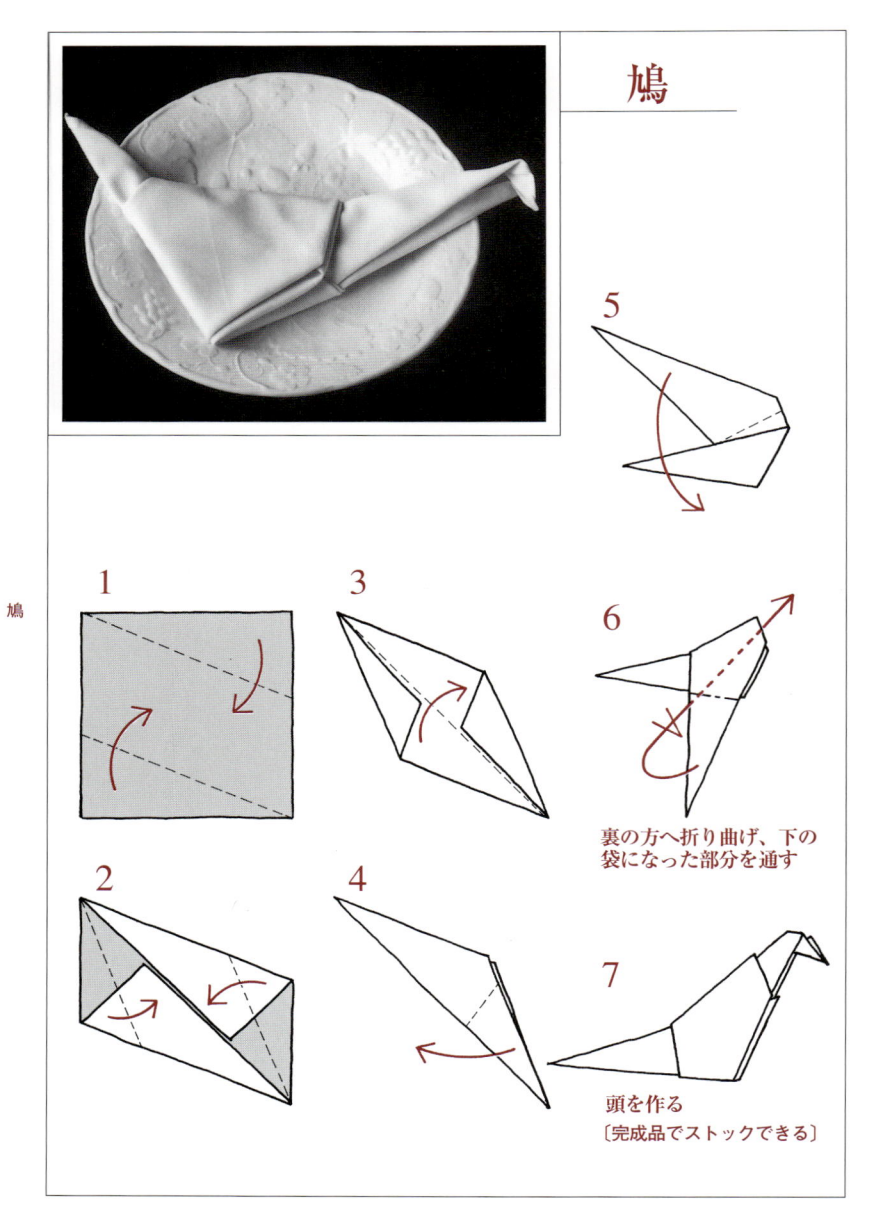

4

6

裏の方へ折り曲げ、下の袋になった部分を通す

7

頭を作る
〔完成品でストックできる〕

ツバメ

5

1

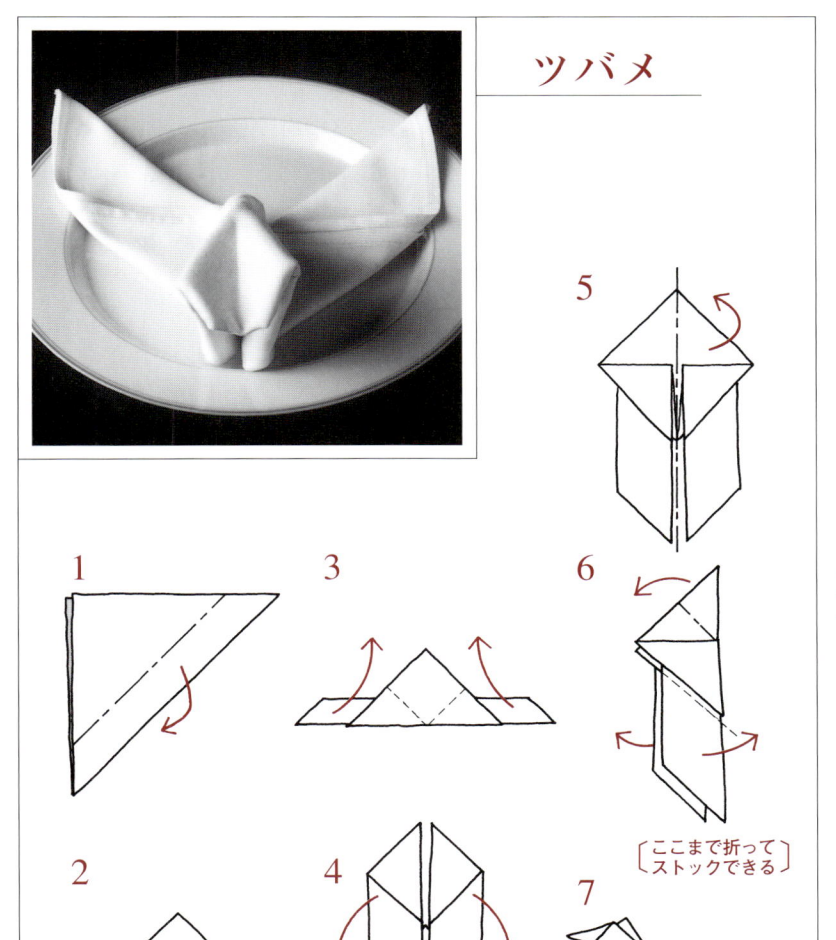

3

6

[ここまで折って
ストックできる]

2

4

7

ツバメ

キツツキ

キツツキ

1

2

3

4

5

6

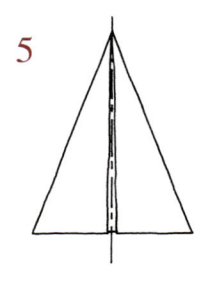

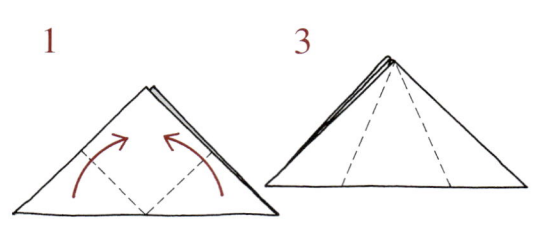

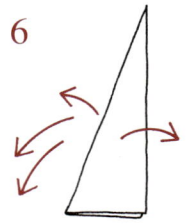

上の2枚を前に、中の
2枚を左右に引き出す

〔ここまで折って
ストックできる〕

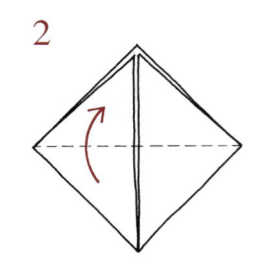

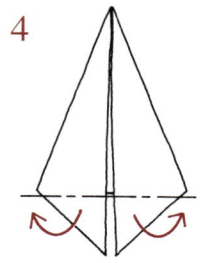

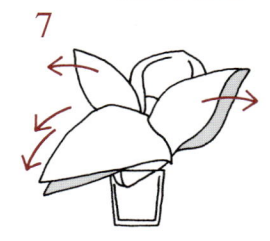

7

ムーミン

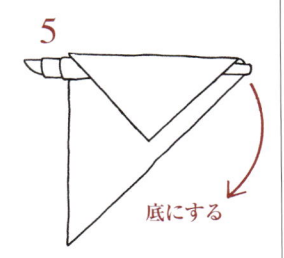

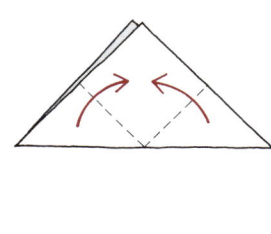

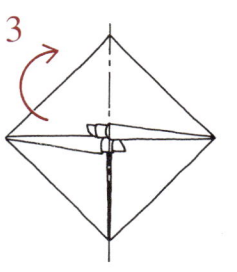

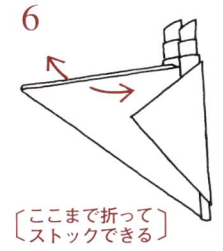

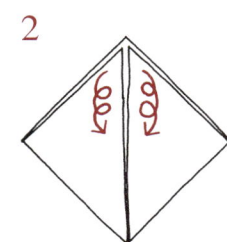

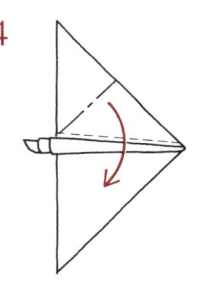

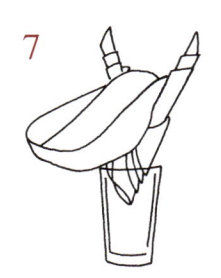

5

底にする

1

2

3

4

6

[ここまで折って ストックできる]

7

蝶ネクタイ

5

1
2
3
4
6
7 裏返して

〔完成品でストックできる〕

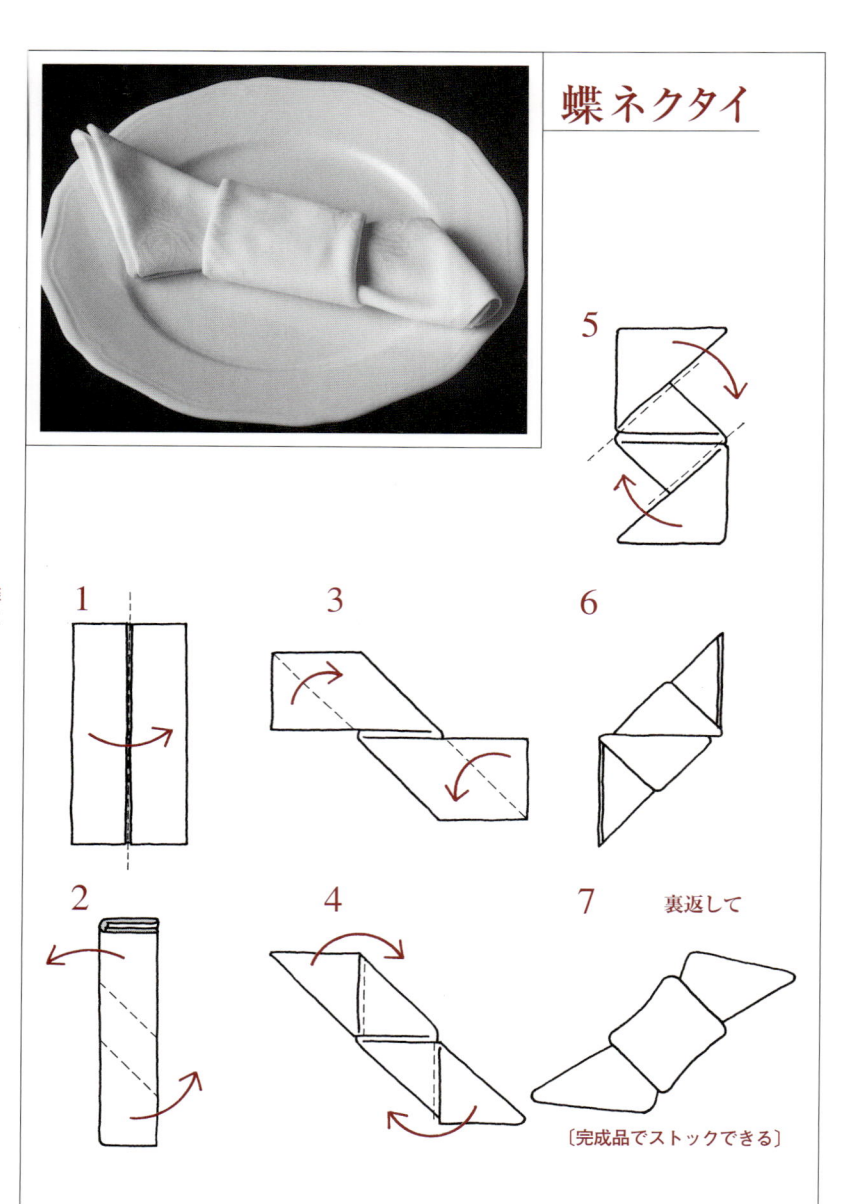

征服者の帽子

5

袋の中から外へ折る

1

2

3

上の3枚を折り上げる

4

残り1枚は反対側に折る

6

前後に開いて座らせる

7

〔完成品でストックできる〕

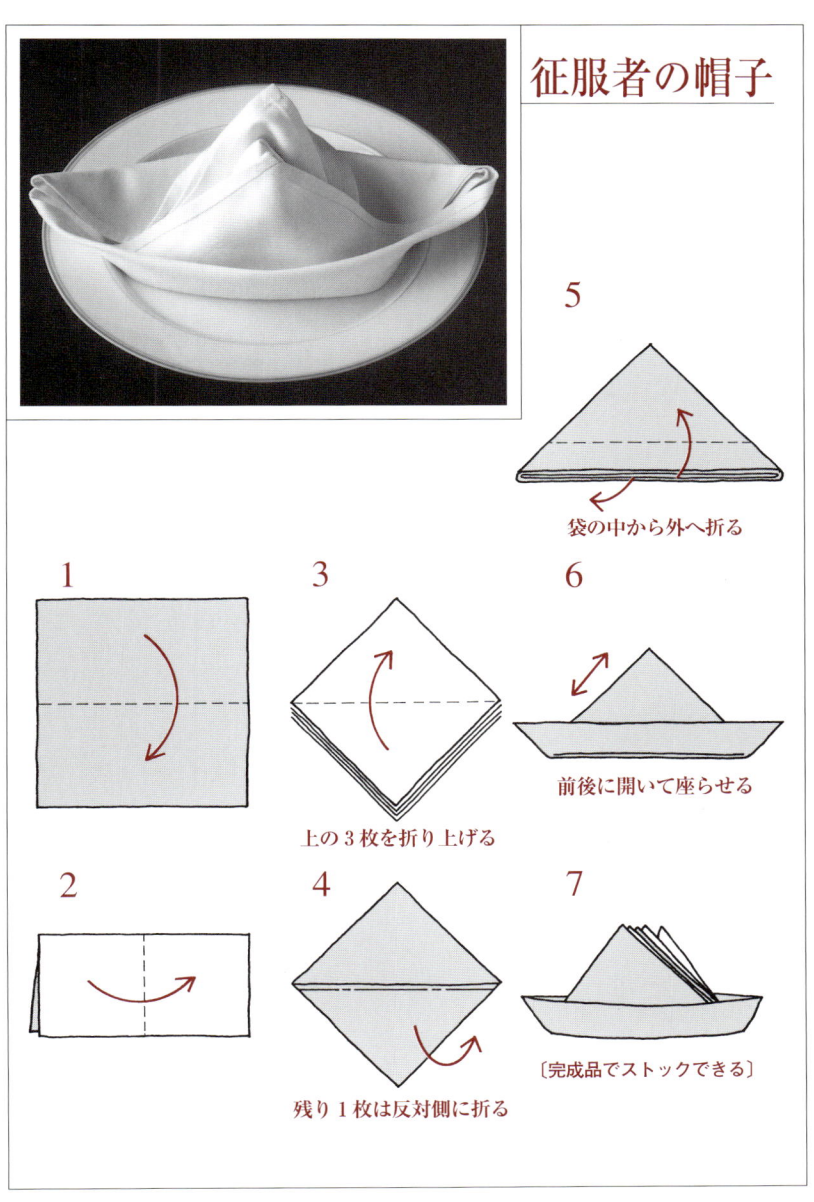

ボーイスカウトの帽子

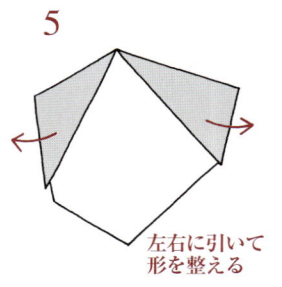

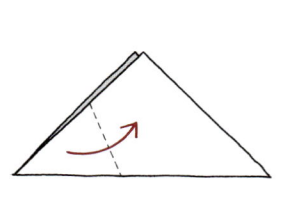

5
左右に引いて形を整える

1

2

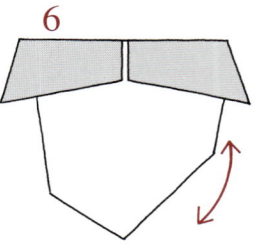

3
上の2枚を前後にそれぞれ折り下げる

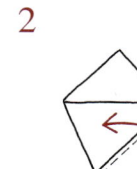

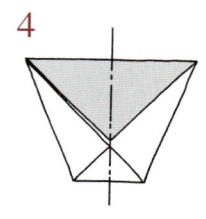

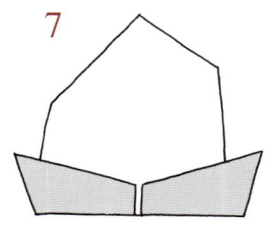

4
袋を広げて、たたみ変える

6
天地を変えて

7
〔完成品でストックできる〕

山小屋

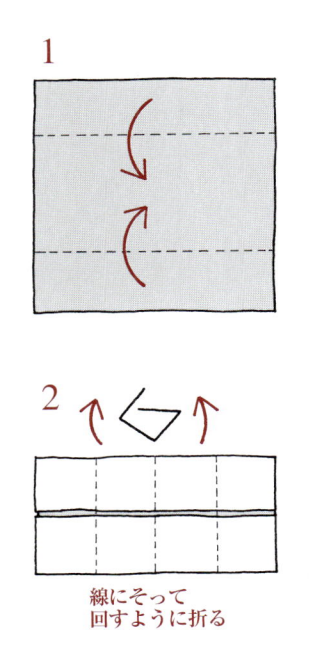

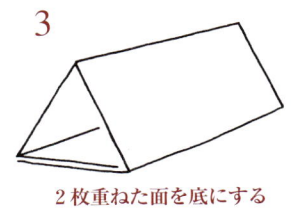

1

2

線にそって
回すように折る

3

2枚重ねた面を底にする

小さい山

小さい山

1

2

3

4
手前の1枚を
折り上げる

5
もう1枚は
反対側へ折る

6
左右に開く
〔ここまで折って
ストックできる〕

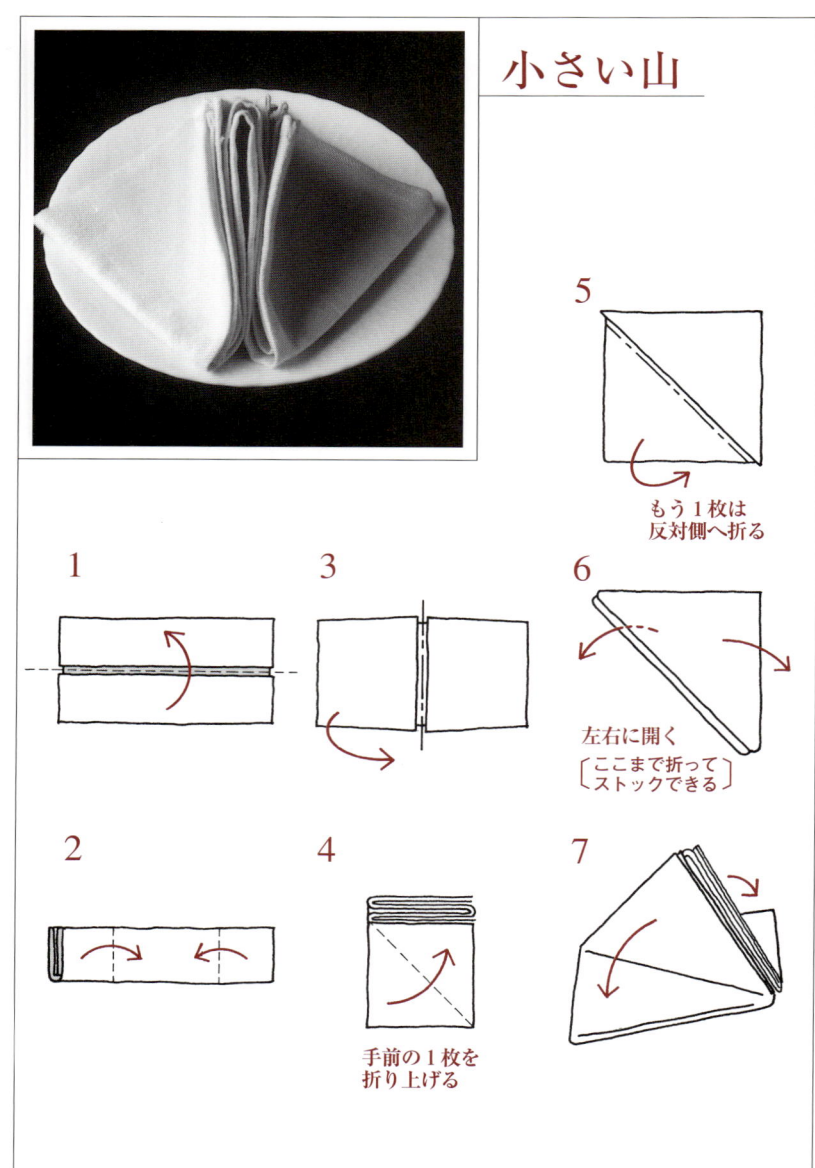

7

竹

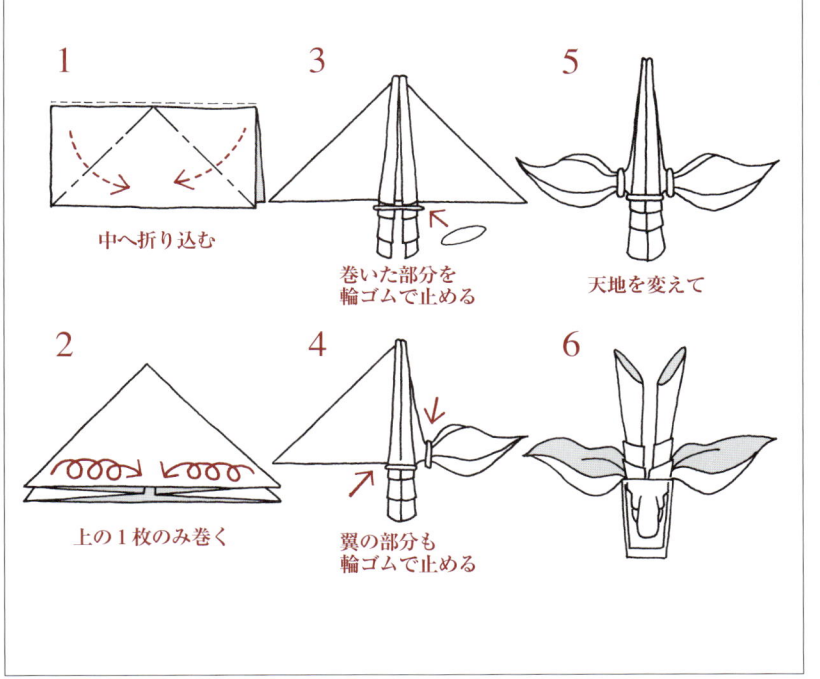

1
中へ折り込む

2
上の1枚のみ巻く

3
巻いた部分を
輪ゴムで止める

4
翼の部分も
輪ゴムで止める

5
天地を変えて

6

竹

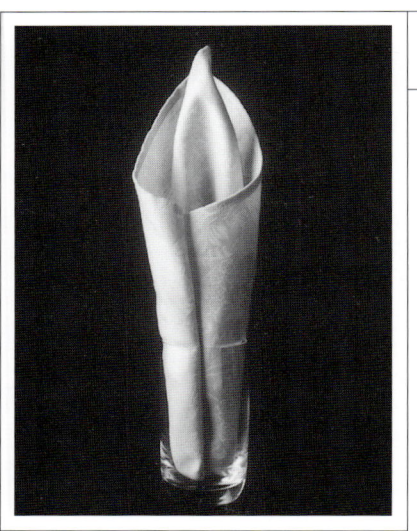

スイセン

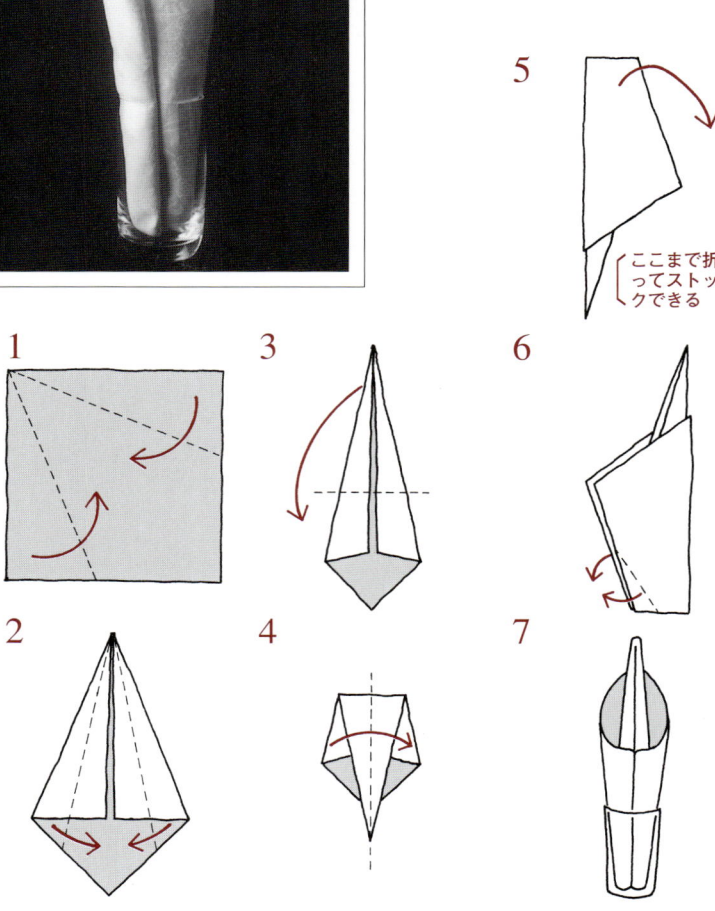

5

［ここまで折ってストックできる］

1

2

3

4

6

7

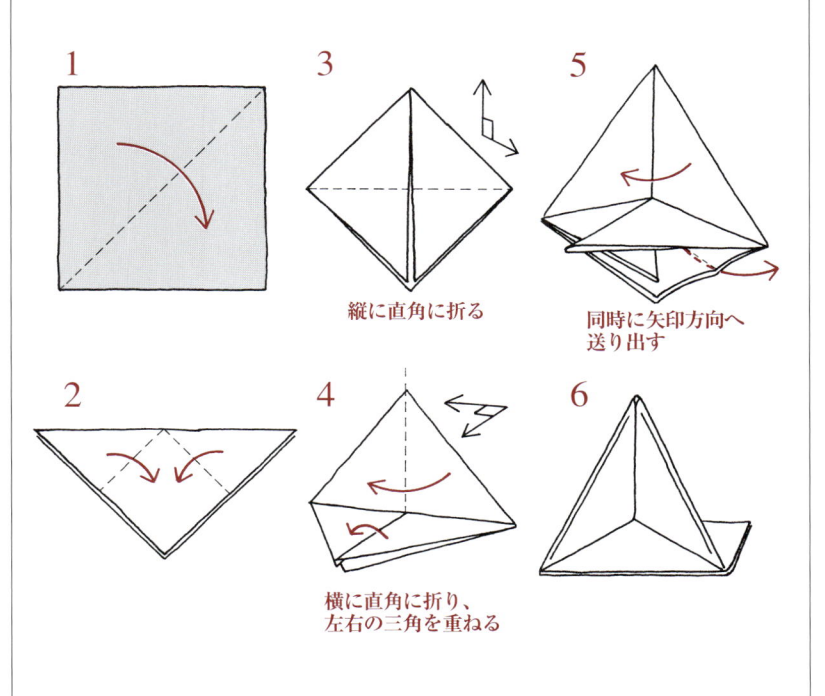

大地

1

2

3

縦に直角に折る

4

横に直角に折り、
左右の三角を重ねる

5

同時に矢印方向へ
送り出す

6

スペースシャトル

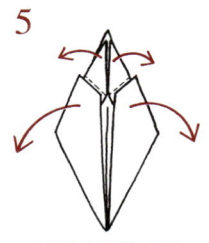

5

[ここまで折って
ストックできる]

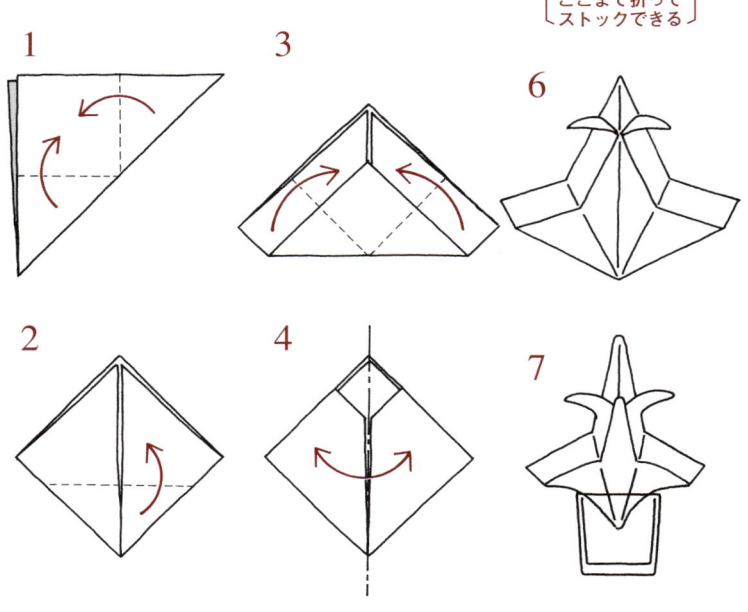

1

3

6

2

4

7

ダブルスクエア

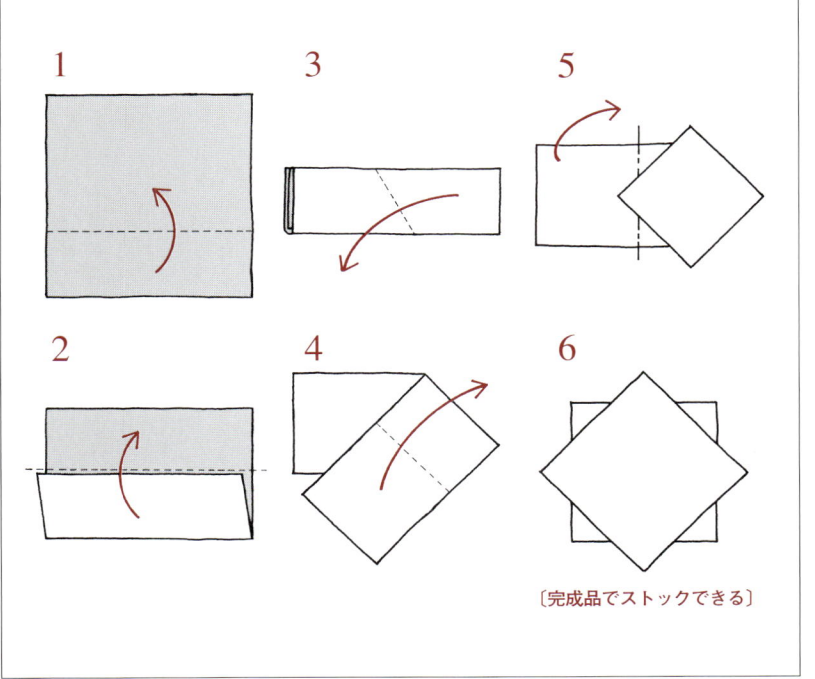

1
2
3
4
5
6

〔完成品でストックできる〕

ツーポイント フォールド

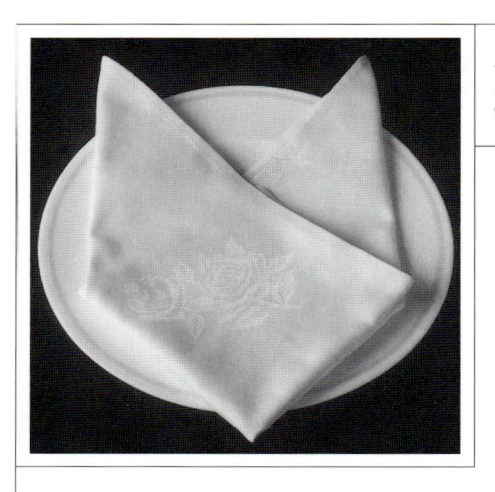

ツーポイントフォールド

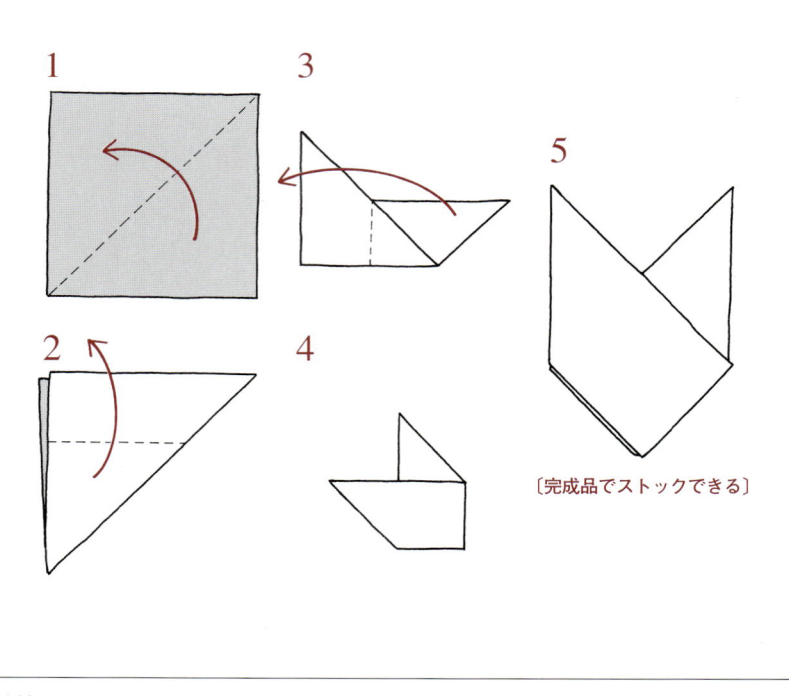

1

2

3

4

5

〔完成品でストックできる〕

ランチョンフォールド

1

2

3

4
〔ここまで折って〕
ストックできる

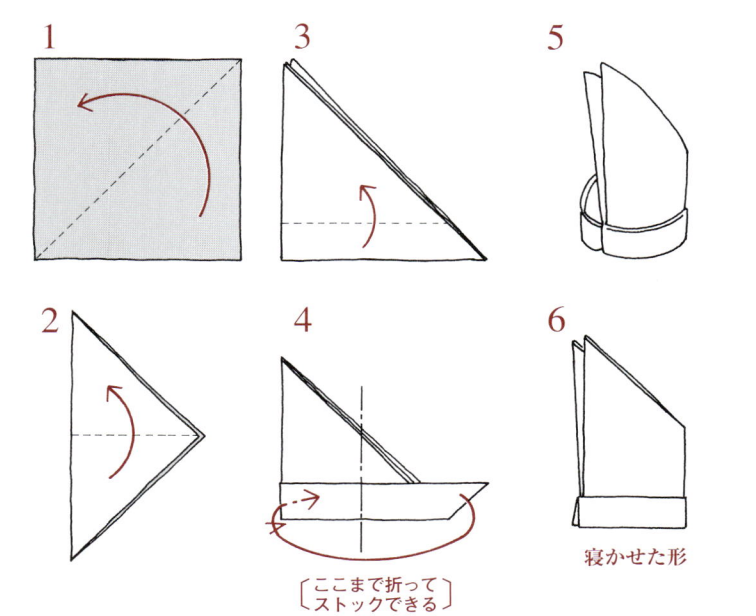

5

6
寝かせた形

ランチョンフォールド

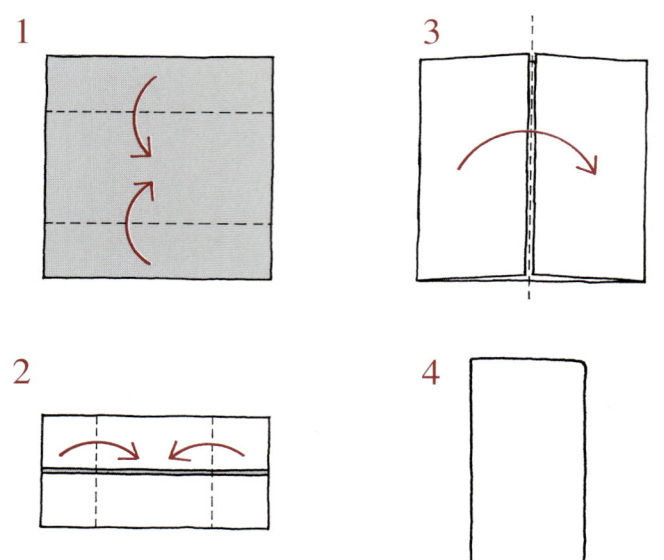

8分折り

8分折り

1

2

3

4

16分折り

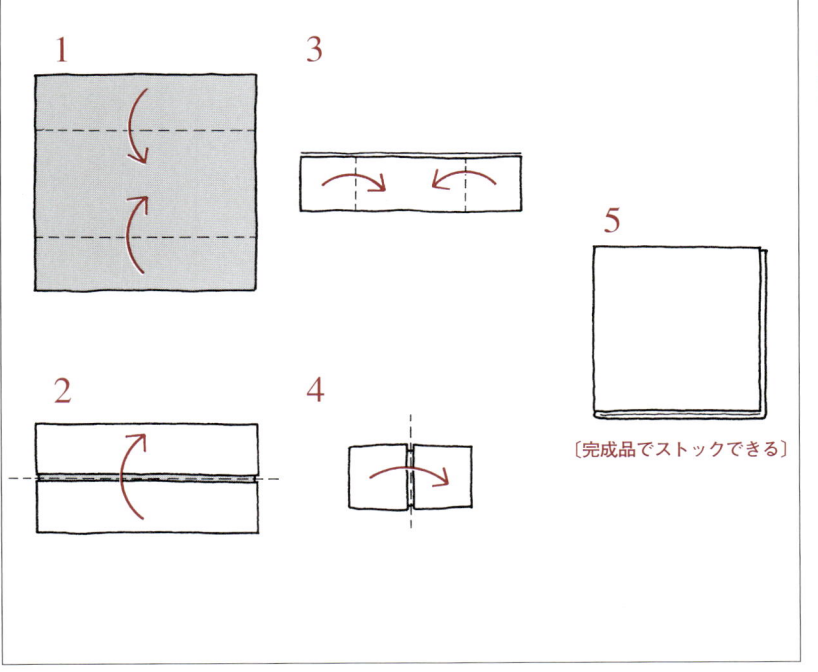

1

2

3

4

5

[完成品でストックできる]

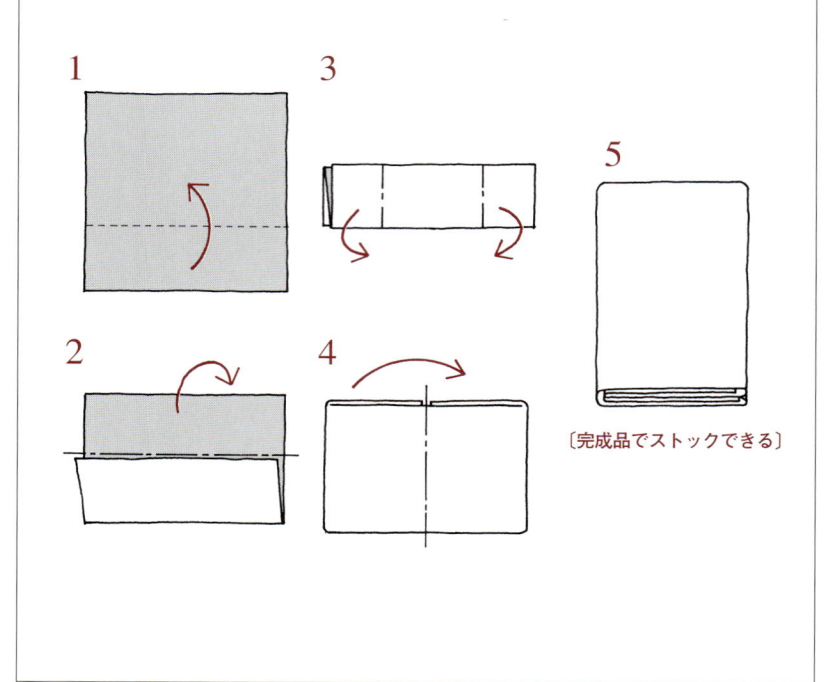

# 3×4折り

3×4折り

1

2

3

4

5

〔完成品でストックできる〕

ニンジン

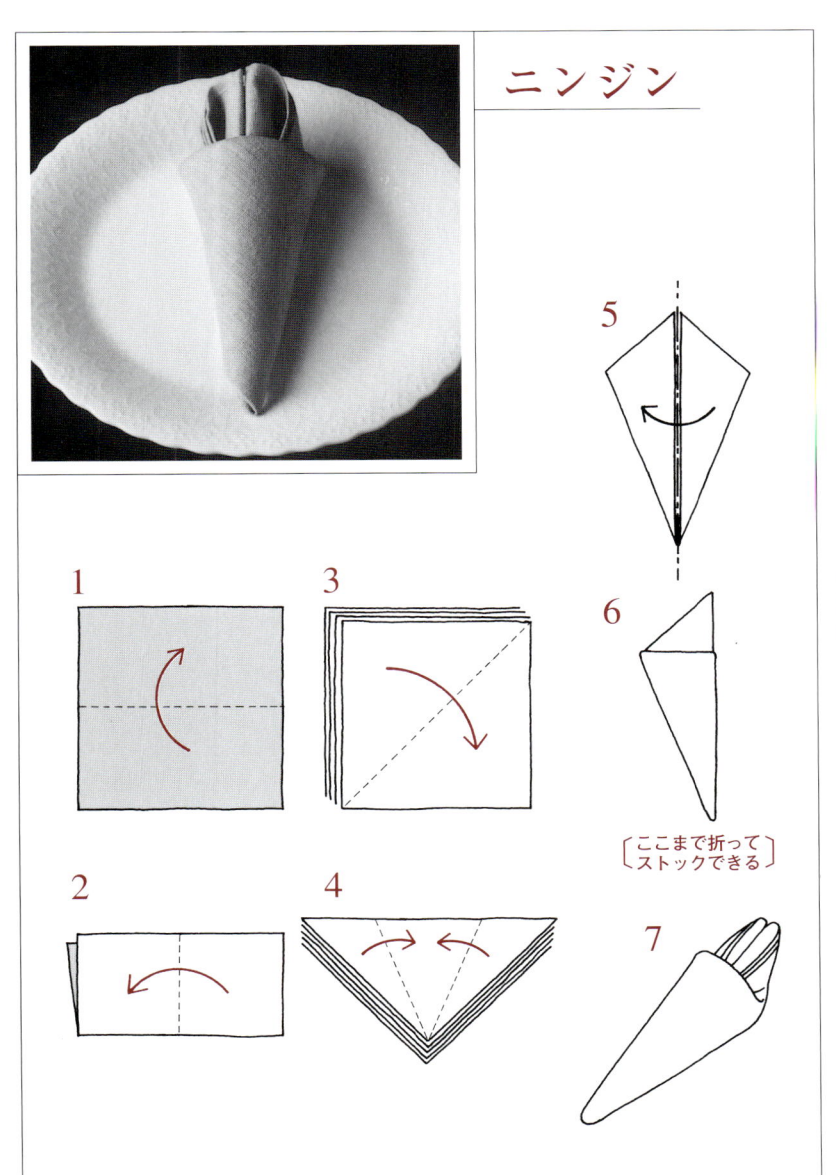

5

6

〔ここまで折って〕
〔ストックできる　〕

1

2

3

4

7

ニンジン

ハート

*ナプキンの色は白、赤、ピンクなどを使う

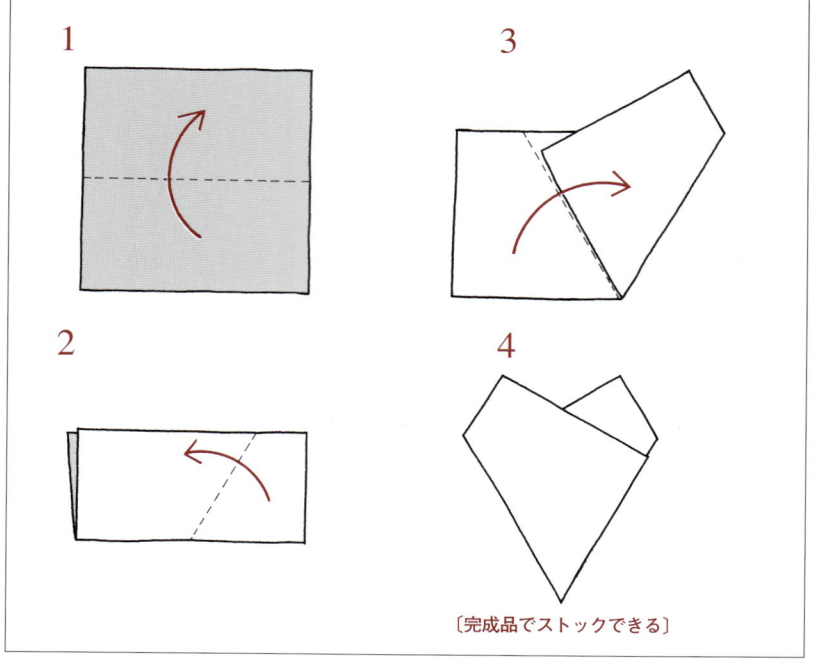

1

2

3

4

〔完成品でストックできる〕

小さいヨット

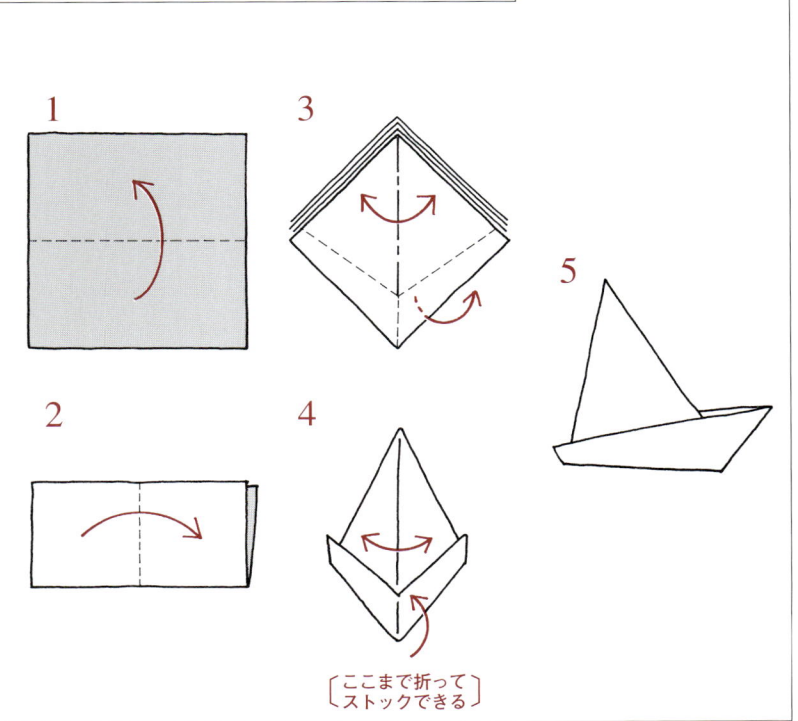

1

2

3

4

[ここまで折って
 ストックできる]

5

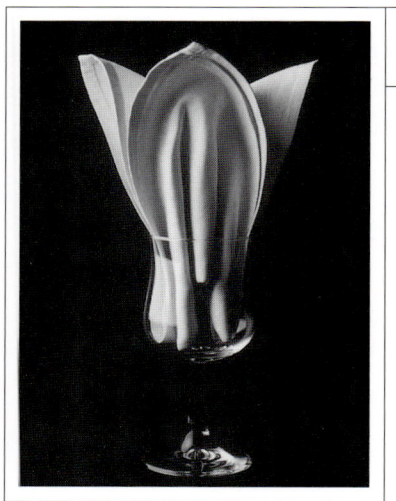

フェイス

フェイス

1

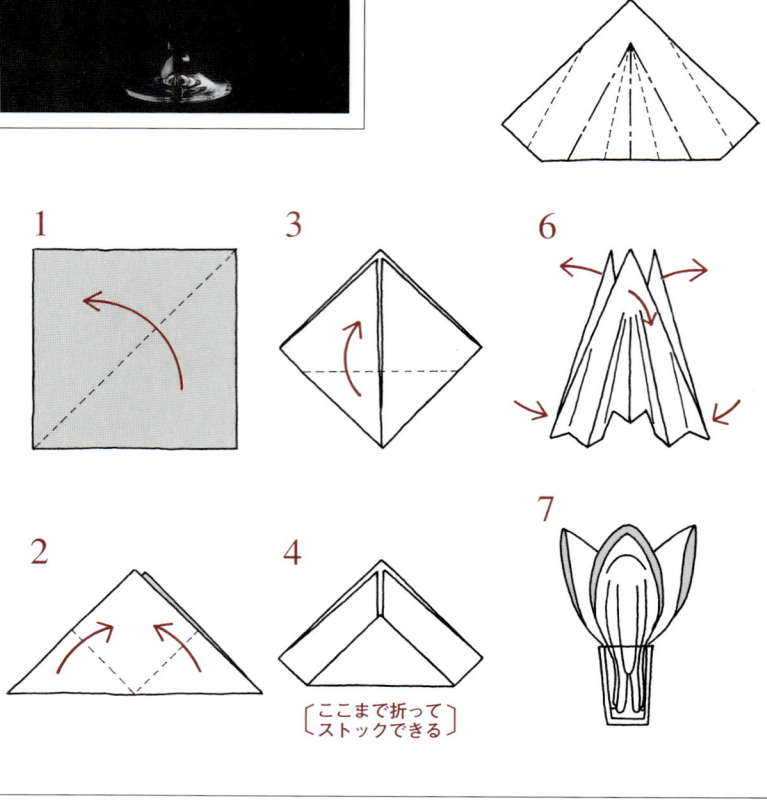

2

3

4
〔ここまで折って
ストックできる〕

5 裏返して

6

7

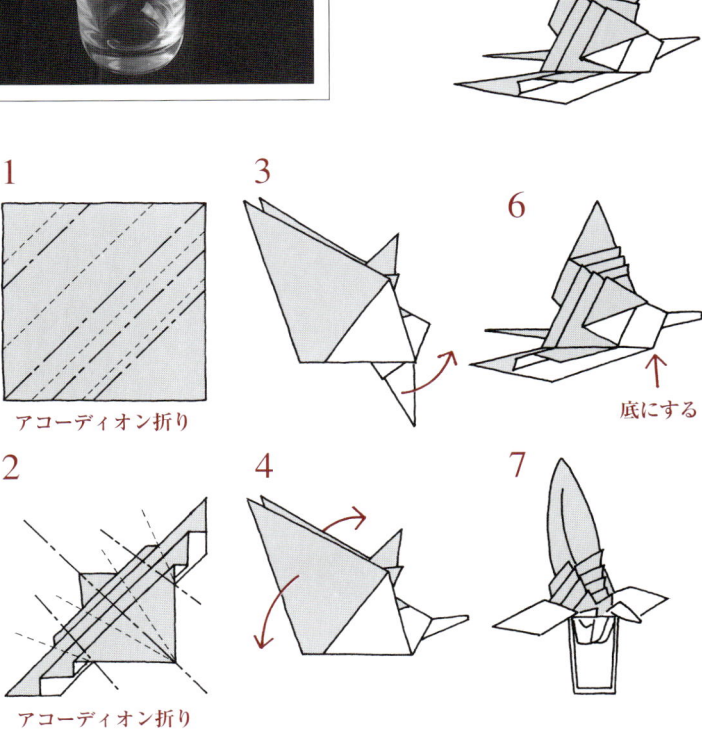

鳳凰メス

1 アコーディオン折り

2 アコーディオン折り

3

4

5

6 底にする

7

鳳凰メス

鳳凰オス

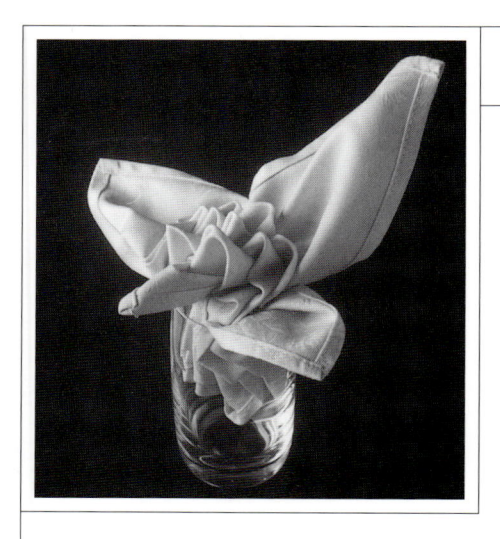

鳳凰オス

1

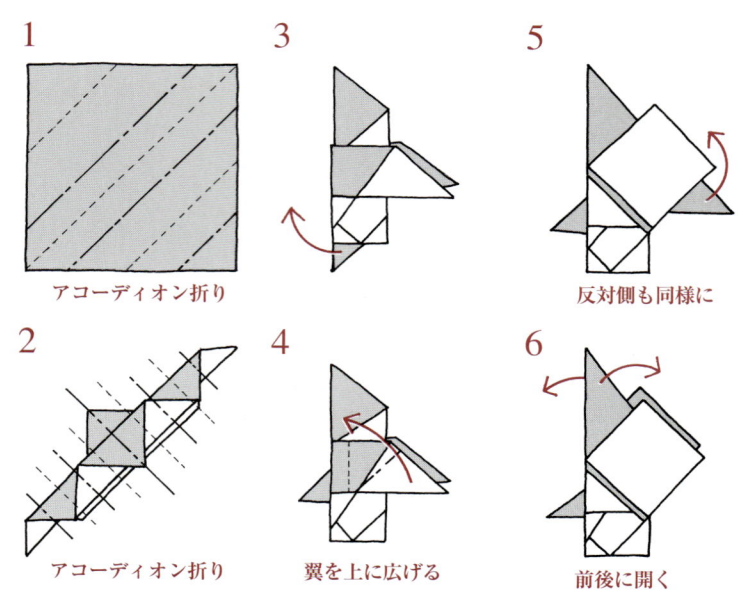

アコーディオン折り

2

アコーディオン折り

3

4

翼を上に広げる

5

反対側も同様に

6

前後に開く

156

7

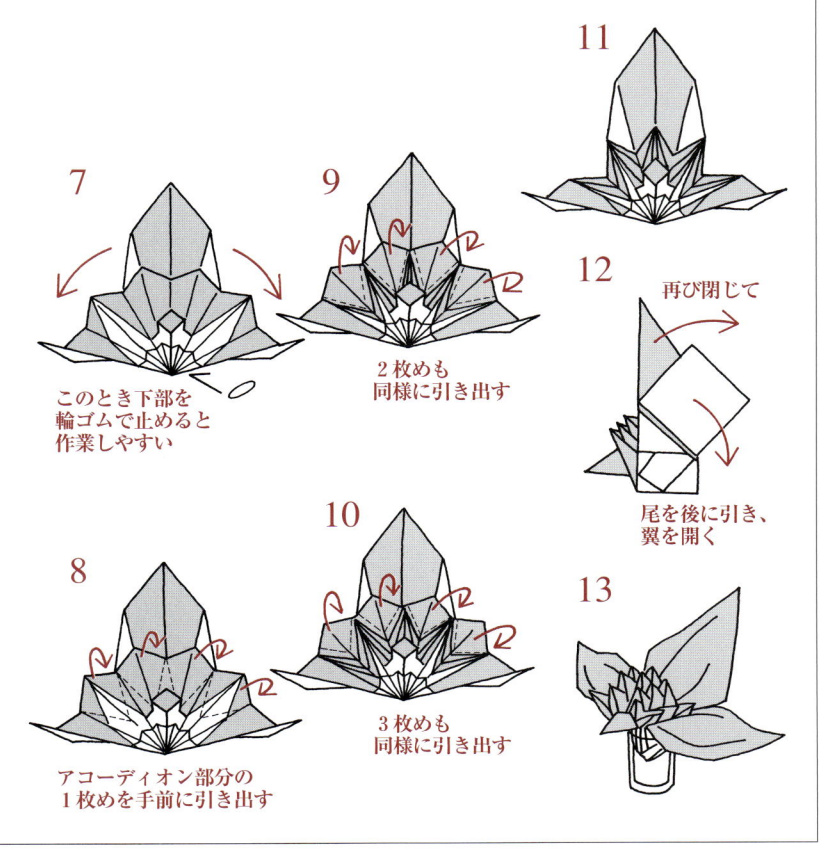

このとき下部を
輪ゴムで止めると
作業しやすい

8

アコーディオン部分の
1枚めを手前に引き出す

9

2枚めも
同様に引き出す

10

3枚めも
同様に引き出す

11

12

再び閉じて

尾を後に引き、
翼を開く

13

金 魚

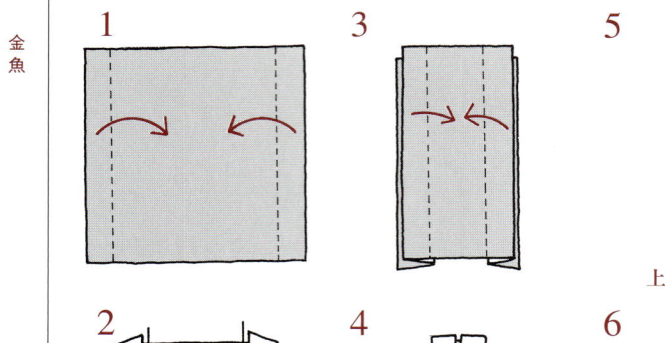

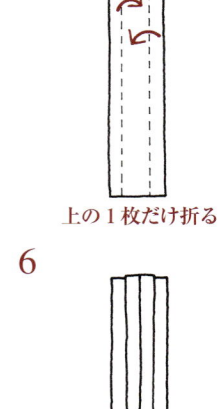

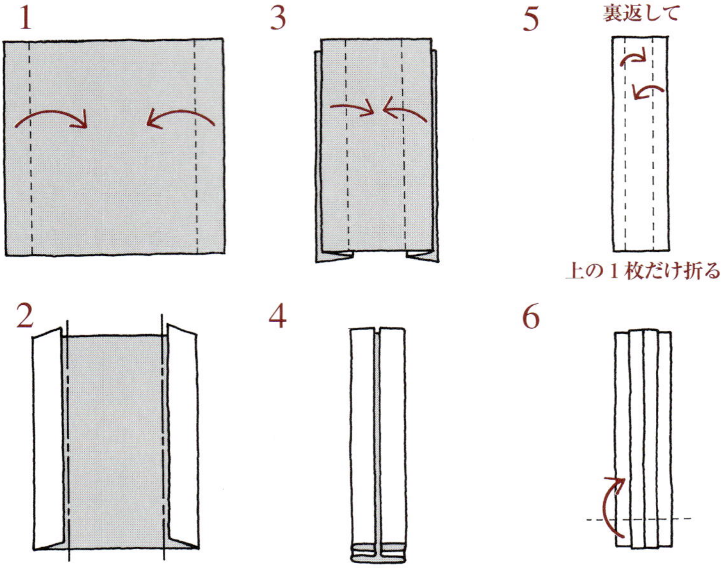

金魚

1

3

5 裏返して

上の1枚だけ折る

2

4

6

7

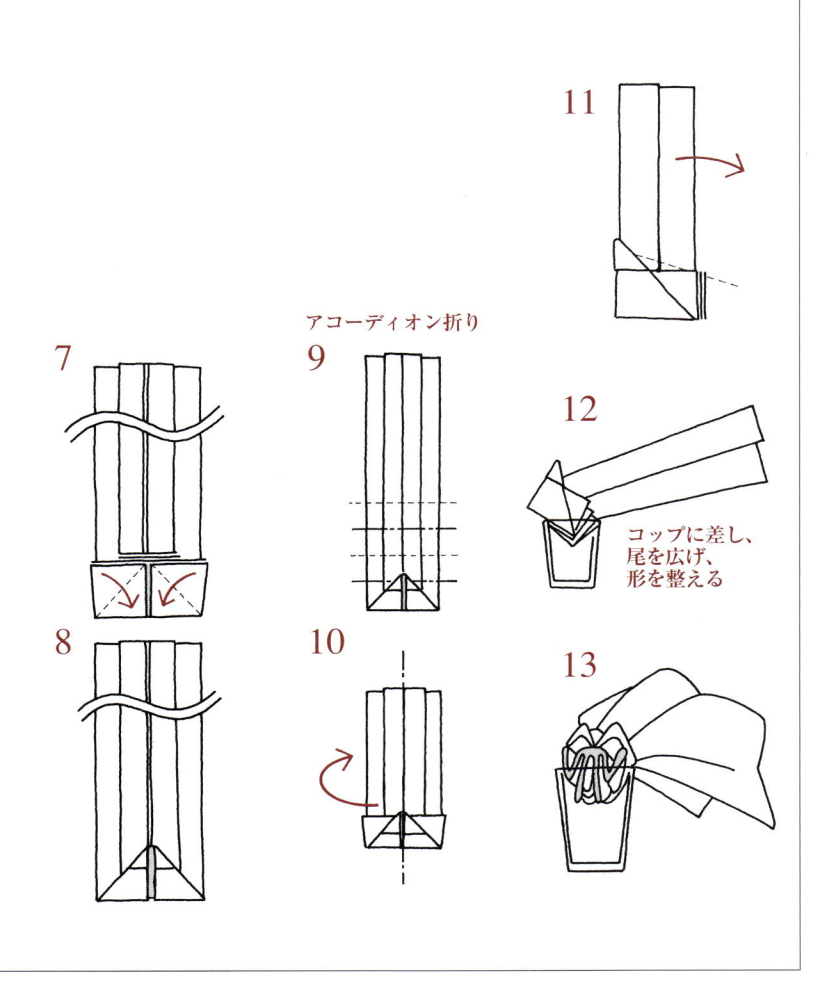

8

アコーディオン折り
9

10

11

12

コップに差し、
尾を広げ、
形を整える

13

永井文人
(ながい ふみと)

1936年中国福建省生まれ。中央大学卒業後、貿易商から飲食業に転職し、78年東京ヒルトンホテル（当時）に入社。中国料理星ヶ丘支配人を務めたのち、83年摩天楼中国大飯店の総支配人となる。テーブルナプキンはホテル勤務時代から興味を持ち、独自の折り方を研究。88年㈱シャロン入社。料飲部総支配人、兼嘉興国際賓館（中国・浙江省）総支配人。

新版 テーブルナプキンの折り方130種
図解イラスト付き

初版印刷	2010年3月1日
初版発行	2010年3月10日

著者　Ⓒ永井文人
発行者　土肥大介

発行所　株式会社　柴田書店
〒113-8477
東京都文京区湯島3-26-9　イヤサカビル
書籍編集部　03-5816-8260
営業部　　　03-5816-8282（問い合わせ）
HP　www.shibatashoten.co.jp

印刷・製本　図書印刷株式会社

ISBN 978-4-388-06072-6
本書収録内容の無断転載・複写（コピー）・引用・データ配信などの行為は固く禁じます。

乱丁・落丁本はお取り替えいたします。
Printed in Japan